¿Qué tan feliz eres?
Para el crecimiento y cambio personal

Irina Zahindra

Life Coach Internacional
Magister en Comunicación Organizacional
Comunicadora Social
Apasionada del *Coaching* como herramienta
de crecimiento y cambio personal

Editorial Palibrio
2015

Para realizar pedidos de este libro, contacte con:
Palibrio
1663 Liberty Drive
Suite 200
Bloomington, IN 47403
Gratis desde EE. UU. al 877.407.5847
Gratis desde México al 01.800.288.2243
Gratis desde España al 900.866.949
Desde otro país al +1.812.671.9757
Fax: 01.812.355.1576
ventas@palibrio.com
713172

ÍNDICE

Prólogo

¿Cuántas veces nos hemos sentido inconformes con la vida? ¿Cuántas veces nos quejamos de nuestra situación actual en el trabajo, con la familia, los amigos o con la pareja e incluso con el país y sus dirigentes?

Aunque no lo parezca, nuestras insatisfacciones personales son más comunes de lo que pensamos. Ya sea porque usted esté atravesando su propia crisis, una nueva o la primera... en mucho tiempo, o porque en general todo marcha con buen pie, pero necesita ENFOCARSE y desempolvar aquellos viejos proyectos arrinconados por el día a día.

Lo primero es saber ¿qué quiere hacer usted en su vida? ¿Qué le apasiona? ¿Cómo puede ser una persona más feliz y lograr sus anhelos? Si usted quiere saber ¿cómo hacerlo? este libro es para usted.

El camino es un viaje de autodescubrimiento que no tiene fórmulas mágicas ni concepciones rebuscadas. Sólo cuenta con la grata compañía de una mentora y guía espiritual, que ofrece sus propias experiencias para motivarlos a alcanzar el cambio personal, y cumplir las metas.

Estas son apenas algunas de las claves que usted logrará responder en las próximas páginas. Sin temores, Irina se despoja de sus títulos y nos habla de sus caídas y éxitos para enseñarnos que, antes de alcanzar el éxito, debemos estar dispuestos a hacer nuestro propio cambio interno.

Pero esto solo es posible si aprendemos a confiar y valorarnos a nosotros mismos, pues la AUTOCONFIANZA es el primer secreto para llegar al ÉXITO. Es solo a través del AMOR HACIA NOSOTROS donde hallaremos las herramientas para superar cualquier circunstancia que nos preocupe.

Todo este proceso es inspirado en una de las más recientes herramientas de crecimiento personal que está revolucionando el mundo: el COACHING, y con la que, además, aprendemos a AMARNOS aún más.

Puede que la frase "CONSIGUE TUS SUEÑOS" suene trillada y hasta cursi para algunos; sin embargo, nadie duda que cuando se tienen resultados la sensación de ÉXITO es incomparable.

Es éste el sentimiento que Irina te invita a experimentar en su obra. Desde ese lugar, se convierte más que en tu maestra en una amiga para llevarte al camino de la FELICIDAD que sueñas. De esto puedo dar fe, porque también lo viví. Ahora tú también puedes recorrer ese camino y alcanzar tu ÉXITO PERSONAL... ADELANTE...

María José Martínez
Periodista

Agradecimientos

En esta experiencia y durante toda mi vida me ha acompañado mi Dios, a él mi mayor agradecimiento y amor no sólo por la inspiración y el trabajo realizado en este texto, sino por la vida y todas las bendiciones que han estado presentes en este camino. Igualmente, ese agradecimiento a mis padres, Franklin y Maritza, a quienes les debo uno de los mayores aprendizajes que he recibido, la humildad y la pasión por hacer todo cada vez mejor, su hermoso y siempre apoyo han sido invalorables por lo que las palabras y las acciones jamás serán suficientes.

Agradecimientos que también están dirigidos a todas las personas que de alguna forma han estado presentes en este sueño hecho realidad y han sido pieza prescindible para el logro del mismo. En primer lugar a mi mentora Juliana Henao, quien me ha mostrado todo lo que hay más allá de lo académico; a la Academia de Coaching y Capacitación Americana, por ser la institución que me abrió las puertas con la mayor calidez que se puede tener; a Jeff García, por su valiosa atención en cuanto a mi iniciación como estudiante de coaching. Asimismo, agradecida por el valioso apoyo que he recibido de personas muy queridas como Liliana, María José y Themis.

Gracias a mi hermana Nakary por su cuantiosa enseñanza de las lecturas respecto al tema y por su siempre apoyo y consideración.

Gracias a mi amado esposo Antonio, quien con sus hermosos pensamientos me llenan los días de amor y espiritualidad.

Gracias a las personas que han confiado en mí y que cada día se suman al aprendizaje del *coaching* desde esta visión de crecimiento y cambio personal, clientes que han realizado su proceso de coaching y a través de ellos he podido sentir las mayores de las gratificaciones al ver sus transformaciones.

Del mismo modo, agradezco a aquellas personas que hoy comienzan su camino al éxito, su autodescubrimiento y proceso hacia el crecimiento y cambio personal a través de la lectura.

A todos mi admiración y mi más sincero agradecimiento. Gracias y que estas palabras las reciban colmados de muchas bendiciones.

Irina Gahindra
Coach de Vida / Consultor Organizacional
Pasión por el Coaching

Introducción

Entre lectura y lectura, un buen día me topé con la palabra bruma. La bruma es una condición atmosférica que limita la visibilidad, es como una neblina, ésta que se forma en el mar o en ambientes húmedos. La bruma coincidía conmigo todos los días, porque existía una neblina que no me dejaba ver hacia dónde quería ir.

Es por esto que la bruma representa una analogía sobre el cambio personal porque ciertamente algunas cosas que nos ocurren, vivimos y experimentamos van formando una neblina que nos detiene o no nos deja avanzar. La bruma no es buena ni mala, para este contexto significará lo que nos pasa en la vida; representa el destello de la experiencia, la crianza, el entorno, los trabajos, las creencias, la familia. Por ello, es importante acariciarla y entender que en ciertas ocasiones independientemente de cómo se presente, conocerla nos permitirá apreciar las cosas y las situaciones que vivimos sin limitar nuestros resultados.

La bruma es entonces la representación de la realidad que se nos presenta, una brisa que todos los días está rozándote; la responsabilidad de nosotros será aprender a entenderla para que cuando esté, sepamos por dónde caminar, qué escoger, y cómo poder disfrutarla, saber que existe porque nos arropará pero no nos dejará sin camino y menos sin sentido.

Cada día buscamos el sentido de lo que vemos y vivimos sin poder reflexionar qué es exactamente hacia dónde nos estamos dirigiendo. Ahora, y a partir de este texto, te será natural centrarte en buscar el sentido de lo que quieres y cómo alcanzarlo. Encontrar qué nos hace feliz es una muestra de amor hacia nosotros mismos y acerca de lo que merecemos.

Como también ser consciente que no debemos olvidar el valor que tenemos como persona: "el hombre de nuestros días, tal vez no ha sido aleccionado para apreciar lo positivo de la vida (...). Sobre todo, no ha aprendido a investigar su grandeza como persona y las posibilidades, casi infinitas, que en él se encierran. Como consecuencia no llega a conocerse y menos a valorarse a sí mismo". (Vidaurre, 2005, p.7)

Es así como a través de las siguientes líneas se propone trabajar en un crecimiento y cambio personal por medio de herramientas esenciales del coaching, que en pocas palabras te conducirá a amarte, a valorarte, a conocerte e ir tras tus sueños. Los sueños que según O'Connor y Lages (2004), te llevan más allá de ti mismo.

Autores que además refieren que "cada cambio en nuestra vida comienza con un sueño", es así como pensar *qué tan feliz eres*, te llevará a reflexionar sobre ese sueño y las metas que deseas alcanzar en todos los ámbitos de tu vida. ¡Inicia tu cambio y estudia tu persona para ser feliz o más feliz de lo que eres! (O'Connor y Lages, 2004, p.23).

¡Invierte tiempo y conocimiento en ti! Vidaurre (2005, p.7) decía en su texto sobre *Proyecto de Vida* que "el hombre de hoy se ha volcado hacia afuera y se ha olvidado de que es él quien debe dirigir su vida (...). Estudia el mundo, pero no se estudia a sí mismo; aprecia las cosas de afuera, pero no se admira, y menos valora los infinitos tesoros que se encuentran en su misma esencia."

Todos tenemos una bruma, una neblina que se va presentando en la vida, lo cierto es que muchos de nosotros pasamos los días sin disfrutar del camino. El trabajo personal es un camino de aprendizajes para disfrutar, es por naturaleza un trabajo de amor a sí mismo, un cambio hacia lo que realmente eres desde el *Ser*. Este libro te permitirá iniciar ese camino: en cuanto podrás conocer sobre el cambio, comprender que el cambio es inevitable, así como conocer el poder de la palabra y del pensamiento, que formarán aspectos fundamentales en tu crecimiento. Además, lo imprescindible de escuchar el Yo interno como parte del autoconocimiento, tener confianza y compromiso contigo mismo para lograr lo que se quiere. Saber manejar las creencias, los juicios; desarrollar herramientas esenciales de bienestar; aprender a comunicarnos, a conocer de empatía, la resiliencia, la sabiduría espiritual; comprender cómo ayudamos al mundo y aceptar que la felicidad también se puede aprender; conocer de emociones y entender cuando se está en la Zona de Confort; comprender lo que significa el miedo así como lo grandioso de Dar un poco más; son todas herramientas de crecimiento y cambio personal que promoverán el cambio no sólo en tu persona sino en quienes te rodean.

Igualmente, temas tan sublimes como el amor y la felicidad te serán más familiares, así como conocer tus fortalezas personales para poder utilizarlas en el desarrollo de tu felicidad.

Estos aspectos están desarrollados en las próximas páginas para que seas el protagonista del sendero que quieras recorrer, a través de un proceso que representa estrecho aprendizaje con lo que eres y quieres. Este texto es una invitación a conocerte, a practicar las herramientas que aquí se te ofrecen y a comenzar a trabajar por el cambio personal que te conducirá a la felicidad, riqueza, bienestar, tranquilidad y satisfacción que buscas en la vida.

No dependas de la bruma que te toque día a día, ni dejes que limite tus sueños o tu felicidad, acaricia esa realidad y permítete avanzar en un cambio para lograr lo que deseas, y eso sí, busca siempre responder:

¿Qué tan feliz eres?

Ahora, te invito a estar en contacto a través de las redes sociales para que podamos interactuar mientras estás en tu cambio y crecimiento personal, también me puedes escribir al correo electrónico quetanfelizeres@gmail.com

FACEBOOK ACCOUNT: Irina Zahindra
TWITTER ACCOUNT: @zahindra

CAPÍTULO 1

No te Rindas

Un amigo me escribe un correo electrónico, en el que decía "No te imaginas el agrado que tengo por lo que estás haciendo, recibe un abrazo grande". Confieso que no sólo fue el mensaje lo que quedó en mis pensamientos sino el sentimiento que produjo el texto, porque a través de él pude confirmar que había comenzado un camino, el camino hacia el *Cambio*, el camino hacia el éxito. Lo que me entusiasmó aún más, fue recordar que ya tenía algunos pasos recorridos. Me sentí tan auténtica y agradecida de mi conciencia acerca del cambio y por el hermoso aprendizaje que había comenzado.

Auténtica conmigo misma porque estaba segura que encontraría algo que maravillara a mis ojos, que pusiera color a la brisa y sentido a mi vida, por lo que nunca había desistido de encontrar ese algo, y ahora estaba segura que lo había encontrado. Agradecida con mi Dios por permitirme verlo ahora, ni antes ni después, era ese el justo momento, como de seguro lo está siendo ahora para ti, el momento de decidir y buscar lo que quieres.

Era el tiempo perfecto, el tiempo de Dios, si hubiese sido antes, no lo hubiese valorado tanto, si hubiese ocurrido después, probablemente no estarías leyendo esto ahora, por eso era el momento perfecto.

Esa frase impregnada de sentimiento, me tomó por sorpresa debido a que puso en mi presente el tener que recordar el tiempo que me había tomado iniciar el camino. Fue reconsiderar cuándo había partido realmente hacia la estación del éxito. A partir de allí puse andar mis recuerdos hasta llegar al primer encuentro que tuve con mi deseo de Cambio.

Fue entonces el poema de Mario Benedetti, *No te rindas*; aquel mensaje que tocó a mi puerta, el que pudo mostrarme que aún estaba a tiempo de comenzar el viaje y de no rendirme en mi crecimiento personal. ¡Que poema tan glorioso y tan dispuesto para mí en aquel tiempo!

Expresar con palabras aquella experiencia es poco lo que se pudiese decir, simplemente fue sentir: ¡Que poema tan lleno de vida!, tan sensible pero tan fuerte a la vez, de gran energía y esplendor. Por lo que me atrevería a decir que quién se identifique con él, como lo hice yo en aquella oportunidad, ya estará consciente de no rendirse y de aceptar el cambio para lograr lo que se quiere en la vida. «Te invito a leerlo antes de continuar para que te llenes de esa energía de no rendirse, con las palabras de ese bello poema».

Yo fui consciente de que había algo que faltaba en mi vida que no era amor ni alegría, ni amigos o pareja, ni dinero o carro, no era nada de eso. Era el *cambio* propio, era un cambio desde el *Ser*.

Ciertamente, fue este poema el que me dirigió hacia el cambio. Si bien es cierto que mi sentido por querer algo más, fue a partir de la *Sima*, de la que hablaré más adelante; fue este poema que hizo detener mi respiración, y al instante de recobrarla, percibí un raro ardor en mí, logrando cuestionar sobre ¿cómo es que había vivido en una cápsula sin pensar en lo que quería *Ser*?

"Mientras no hagamos cambios interiores, mientras no estemos dispuestos a hacer el trabajo mental, nada

exterior cambiará. Sin embargo, los cambios interiores,
pueden ser increíblemente sencillos porque lo único que
verdaderamente necesitamos son nuestros pensamientos".
(Hay, 2007, p.211).

Luisa Hay (2007), famosa escritora, expone en sus libros una fuerte conspiración para el bienestar emocional de las personas, identifica que todo es ocasionado por una emoción, desde nuestro estado de salud hasta nuestros resultados, porque son provocados desde nuestro espacio interior. En tanto se debe declarar, así como lo manifiesta la autora, que para lograr algo debemos comenzar por lo interno. En muchas ocasiones pensamos según nuestras creencias «debo trabajar muy fuerte para obtener aquello», y ciertamente hay que trabajar, pero no emprender una vida desde estos pensamientos que muchas veces nos limitan en vez de ayudarnos. En este sentido, sólo quiero comenzar por traerte con claridad un aspecto importante que es el trabajar desde el interior, es decir, desde los pensamientos, desde el poder de hacernos consciente.

Luego de esos instantes de querer un cambio observaba en una pequeña cajita a una Irina con altas murallas, veía a una mujer segura pero con debilidades, una mujer hermosa pero con muchos defectos, una niña feliz pero con resentimiento, profesional pero incapaz, amiga pero no hermana, una persona buena pero sin sentimientos, y todos los "peros". Así estaba, así me sentía, al menos así comprendí cómo me veía: una persona llena de contrariedades. Sólo pensaba en querer ser mejor pero sin un *cambio interno* no lo lograría.

El poema impactó en mí y aún no sé cómo podría explicar esa sensación, fue algo como cuando las palabras se juntan y te mueven hasta la última fibra, eso representó. Ahora bien, ¿cómo fue que eso impactó en mi vida? El sentimiento fue maravilloso, creíble. No sé si era que estaba a punto de rendirme, en el sentido de abandonar las cosas que estaba haciendo como la carrera, la tesis o el trabajo. De lo que sí puedo hablar es que no estaba bien con lo que estaba sintiendo. Por lo que asimilar todas esas palabras, que de una forma u otra estaban dispuestas para mí en ese momento, me hicieron un ligero ajuste a las velas de mi crecimiento tanto personal como profesional. Ahora, deseando que esas mismas palabras y las que aquí se te brindan a continuación sean parte de aspiración y motivación para ti.

"El pesimista se queja del viento; el optimista espera que cambie; el realista ajusta las velas".
William George Ward

El cambio se puede presentar de distintas maneras, no sólo es al llegar a una Sima, o mejor dicho al punto más bajo emocionalmente de tu vida. Pudieses estar muy bien e igualmente requerir un cambio para lograr las metas que te propongas. Lo que quiero resaltar es que no todo el cambio proviene desde consideraciones negativas. Algunas personas sólo quieren reforzar algunos aspectos, desarrollar habilidades, poder manejar herramientas para su bienestar, tener una pareja o simplemente alcanzar objetivos, pero todo conlleva a un cambio, bien sea de actitud, pensamiento o comportamiento.

Lo interesante de este apartado es querer mostrarte que ser consciente de querer un cambio representa mayormente una decisión que la misma circunstancia. Sin embargo, "algunas personas prefieren abandonar el planeta antes que cambiar". (Hay, 2007, p.209), lo que algunos no saben es que inevitablemente siempre nos estamos dirigiendo a un cambio, o sea, de todos modos cambiamos en lo que llamamos vida.

Estar cómodos pero tristes en un lugar, es más fuerte que iniciar un cambio para cambiar esa tristeza. Aquí, es donde mejor se puede percibir que la zona de confort se vuelve enemiga del crecimiento. La comodidad es un incómodo y falso medidor de lo que quieres. Emprender un viaje a tu interior te hará reflexionar acerca de esa comodidad o inercia en la que puedes estar, porque como refiere la autora sólo podemos cambiar cuando nos hacemos conscientes. (Hay, 2007).

Unas preguntas que pueden ayudarte a confirmar si verdaderamente quieres un cambio, recordando que hay muchas formas de ser conscientes, las refiere Hay (2007, p.213) en uno de sus textos, estás son:

> ¿Realmente deseo cambiar?
> ¿Qué haces cada día para sentirte a gusto interiormente?
> ¿Prefieres quedar lamentándote por lo que no tienes en la vida?
> ¿Deseas crearte una vida mucho más maravillosa que la que tienes ahora?
> ¿Estás dispuesto a empezar a crear armonía y paz en tu interior?
> Hay (2007, p.213)

Sí las respuestas logran dar rienda suelta a tu imaginación, comienza a meditar acerca de lo que quieres alcanzar, posiblemente hay algo en tu interior que no has escuchado. Si eres capaz de pensarlo y sentirlo, eres capaz de lograrlo. Sólo el hacerte consciente junto al compromiso que tengas, serán fuertes eslabones para lograr todo lo que te propongas. ¿Qué quieres? Y no limites tus pensamientos, sea pequeño o grande piensa con el corazón, desde lo emocional y a su vez desde lo racional, ir adentro de ti es uno de los caminos que debes transitar si quieres algo diferente de lo que has obtenido hasta ahora.

Otra pregunta que las personas continuamente deben hacerse es en qué se están convirtiendo. Jim Rohn, orador, autor y motivador, reconocido también como el "filósofo de negocios", expresaba que la pregunta no es cuánto gano actualmente sino ¿en qué me estoy convirtiendo? Buscar la razón del por qué se está haciendo lo que se está haciendo.

Si consideras mantenerte en un trabajo porque estás aprendiendo sin importar el salario, y estas ganando en aprendizaje y experiencia seguro has de sentirte bien. De lo contrario, si no existe justificación alguna por estar en el trabajo que estás y ni sabes si lo que estás haciendo contribuirá en lo que te quieres convertir o alcanzar, posiblemente deberás revisar que ganarías de seguir así. Esto sin el fin de calificar de bueno o malo, simplemente es necesario reconocerlo para ser consciente de dónde estás y cómo te sientes al estar allí, como parte de la reflexión que sólo tú puedes tener acerca de "en lo que te estás convirtiendo".

En este mismo sentido he de recordarte también unas palabras que en lo personal me han funcionado muy bien porque te llevan a la esencia de la vida. Las expuso Robbins, reconocido orador, en uno de sus discursos sobre la riqueza cuando le preguntaba a una mujer acerca de cuándo ella sería rica. Como la mayoría de nosotros, la mujer argumentó sobre algo externo; creo que mencionaba cuando se pagaran las cuentas y cuando su esposo estuviera tranquilo sin preocupaciones, para el entonces ya Robbins la interrumpía diciéndole: entonces jamás serás rica.

Él define la riqueza un 80% más psicológica y el otro 20% algo técnico, por esta razón el sentido de la riqueza es ya sentirte pleno y agradecido por lo que tienes, como afirma Robbins. Si la persona que dijo que dependía de otros ingresos y resultados financieros para sentirse rica nunca se sentirá bien porque está poniendo su sentido de riqueza en lo externo. Algo muy diferente es pensar y trabajar por una vida libre financieramente.

Menciono esto no sólo por traerte el tema de la riqueza y el significado que le da este autor al manejo de la riqueza, sino que realmente logres comprender que la riqueza está muy por encima de lo que debes hacer para tener dinero. Es muy diferente trabajar para tener dinero, que trabajar para lograr una vida libre financieramente, y menos parecido es vivir y sentirse con riquezas.

Lo que quiero exponerte acerca del tema de Robbins es una analogía en relación a tu interpretación de la felicidad, él pregunta ¿cuándo vas a ser rico? Yo te pregunto, en este instante, ¿cuándo vas a ser feliz? cuando consigas a la pareja perfecta, cuando te cases, cuando te gradúes, cuando termines algo, cuando tengas hijos, cuando la otra persona lo decida. Esta interpretación va más allá de los resultados y de tus creencias, está dirigido por un estado mental que puedes manejar y aprender. Sé consciente de lo que quieres y sé feliz desde ahora, es un estado mental que podemos aprender ¡ya lo verás en este texto!...

Vivir de acuerdo a lo que quieres es también vivir en riqueza; que te agrade y te sientas agradecido de lo que has logrado es a su vez vivir en riqueza; tener buena salud es vivir en riqueza; la familia que te rodea forma parte de tu riqueza, los amigos, etcétera... la riqueza es de acuerdo a como la definas. La distancia entre la riqueza y querer más dinero se debe comprender para saber diferenciarlas, para no poner el peso de la felicidad sobre lo que no tenemos en el banco o en inversiones. Es estar de acuerdo en que es un estado mental que puede condicionarse, así como puedes ahora mismo estar condicionado a que no eres rico por falta de dinero. Por el contrario puedes ahora condicionarte a que tienes todo para lograr lo que quieras, lo que te hace vivir y sentir en riqueza.

Es entonces como saber diferenciar cuando se vive en riqueza y comprender en qué nos estamos convirtiendo, nos asegura un poco más de saber lo que queremos y de lo que realmente nos agrada hacer, es detenernos en ese querer, al descubrir esa razón de lo que estás haciendo, pensando o sintiendo, podrás identificar si quieres cambiar algo en tu vida.

«Aunque, con todo esto y todavía no entiendo qué relación existe entre el cambio». Lo que sucede es que la teoría no está por encima de las emociones. Quería lograr involucrarte con el cambio desde lo que sintieses y quieres antes de describirlo conceptualmente. Ahora bien,

¿Qué es el Cambio?

El cambio no es más que "un conjunto de acciones, un proceso que altera, modifica, o transforma una cosa". "(...) es algo que nosotros hacemos: cambiamos nuestra mente, cambiamos nuestra manera de pensar y sentir, nuestras acciones, nuestro cuarto, nuestra cama, un pañal, nuestro estilo de vida". (Hall y Duval, 2010, p.63).

El cambio es la alteración o modificación que hacemos de algo. Un concepto bastante explícito sobre el Cambio, lo ofrece Webster's Seventh New Collegiate Dictionary (c.p. Hall y Duval, 2010, p.63):

"Del viejo francés changier y del latín combier intercambiar. Hacer diferente, modificar, hacer algo radicalmente diferente, transformar, dar una posición diferente, regresar, moverse o interrumpir, sufrir una transformación, transición".

"Aprender es cambiar, o podemos decir el aprendizaje es cambiar". Mientras nos ocupamos por aprender algo, no nos detenemos a pensar que estamos cambiando, porque indiscutiblemente asumimos entre otras cosas un nuevo conocimiento y hacemos algo de modo diferente. (Hall y Duval, 2010, p.166)

Día a día estamos en constante interacción con el aprendizaje, formando un mayor cúmulo de cosas, sensaciones, palabras, oraciones, acciones, que nos hacen de cualquier forma ser diferentes, somos diferentes personas a la que éramos ayer.

Como refieren Hall y Duval (2010, p.166) "cambiamos todo el tiempo que aprendemos algo", así que no somos iguales hoy a la persona del año pasado, porque estamos interactuando con la experiencia de lo que hemos aprendimos.

Así que el cambio en pocas palabras sucede cuando aprendemos y comenzamos hacer las cosas de manera diferente, cuando pensamos o actuamos de distinta manera a la que estábamos acostumbrados. Por ello también se habla que el cambio es inevitable, la persona está expuesta a vivir y experimentar nuevas cosas, por lo que se está en constante aprendizaje y en un cambio continuo, al menos que la persona no aplique lo que aprende.

Coaching para el cambio

Con respecto al coaching "cambiamos cuando tomamos decisiones, alteramos una creencia o creamos un nuevo marco mental". El cambio luego se presenta en nuestra nueva forma de pensar, en la manera de expresarnos, de percibir la información y de actuar. (Hall y Duval, 2010, p.166).

El coaching es un proceso de cambio. Así como cambiamos en cuanto crecemos, también cambiamos en cuanto lo decidimos. Y es este un proceso de cambio que ayuda a la persona a autoconocerse, a ser consciente de lo que quiere y cómo conseguirlo. Un proceso que ayuda a cambiar el cómo obtener lo que se quiere, buscando alternativas, utilizando los recursos y permitiendo conocer lo que realmente desea la persona desde su *Ser*.

El coaching como proceso de cambio entraña aprendizaje, Hall y Duval (2010, p.167), manifiestan en este sentido que "el aprendizaje, el desarrollo y la vida son los motores del cambio y dado que podemos dirigir nuestro cambio y mejorar nuestras habilidades, disfrutar de la vida, entender, desarrollar sabiduría y desatar nuestros potenciales, entonces es importante manejar nuestro cambio".

Es importante manejar el cambio y promoverlo debido a que si lo trabajamos de manera óptima podemos asegurar en ir en una mejor dirección que corresponda a nuestro bienestar. Algo muy diferente es el esperar a que los cambios se den de manera imprevista, que de cierto modo son riesgosos por desconocer hacia dónde nos dirigirán; por eso es bueno que estés leyendo esto para que te permitas trazar tus cambios y no vivir de los cambios inesperados; es mejor estar bajo los resultados que tú quieres alcanzar y no andar sobre los resultados de los demás o de lo que llamamos destino.

Ciertamente la gente cambia independientemente de que los cambios sean planificados o inesperados; por lo que te pregunto que sería mejor, ¿cambiar cuando no los proponemos para lograr lo que queremos o cuando se nos presente la obligación de cambiar?

Todos los cambios no son iguales

Todos los cambios no son iguales, según Hall y Duval (2010, p.168), existen varios tipos y dimensiones de cambios: pueden ser según su tamaño, pueden ser pequeños o grandes; aleatorios o estratégicos, pueden ser según el Nivel de control: que corresponde al *cambio aleatorio*, aquel que ocurre accidentalmente. También está el *cambio esporádico* e inesperado, el que nos puede sorprender a través de un cambio en el trabajo. Por el contrario también existe la forma de planificar el *cambio de manera estratégica*, poder "cambiar las cosas para movernos hacia el resultado deseado o en la dirección deseada que se adecue a nuestros valores y sueños". (Hall y Duval, 2010, p.168).

Estos autores también afirman que "en el *cambio planeado*, abrazamos el cambio con un alto grado de conciencia e intencionalidad. Cuánto más conciencia e intención, más estratégicos nos volvemos en la vida. (...)". (Hall y Duval, 2010, p.168).

Otros tipos de cambios se dan de acuerdo al Nivel impuesto o emergente: estos son el *cambio definido*, que se presenta cuando reencuadramos lo que significa y le atribuimos algo nuevo, porque le damos un nombre a algo. Así que viene siendo un cambio impuesto porque lo escogemos, a diferencia del *cambio orgánico*, que se da de forma natural como el desarrollo a lo largo de la vida. (Hall y Duval, 2010).

De igual manera, Hall y Duval (2010) exponen que en el *cambio orgánico* nos volvemos diferentes, las experiencias nos enseñan y nos hacen cambiar junto a lo que aprendemos, a diferencia del *cambio definido* que es aquel que nos cambia porque así lo hemos determinado al cambiar nuestros pensamientos y nuestra forma de ver el mundo de otra forma.

Otros cambios se dan bajo el Nivel de guía: aquí se presenta el *cambio autocorregido*, que es aquel cuando tenemos una consciencia sin juicios sobre las experiencias, que mientras éstas ocurren se dan de manera natural. El *cambio guiado*, por el contrario, es el que se planifica de manera estratégica y ocurre cuando se toma una decisión y nos permite hacernos responsable de la misma. (Hall y Duval, 2010).

El nivel de simplicidad o complejidad del cambio: ofrece el *cambio lineal* y el *cambio sistémico*. En el lineal se dan las cosas de un punto al otro punto, en pequeños pasos. El otro cambio, el sistémico se da fuera de la lógica. Se da un cambio en una parte del sistema y éste por muy pequeño que sea puede ocasionar otros cambios en las partes del sistema. (Hall y Duval, 2010).

Existen otras variaciones de los cambios, los que se dan en el nivel u orden del cambio, se refieren al *cambio de primer o segundo orden*, y aquellos en el nivel de salud y madurez psicológica; que concentran el *cambio remediador*, que trabaja cuando algo está roto, cuando existe una herida y la persona se afianza en algo del pasado, comparado con el otro que existe cuando nada está roto, ese es el *cambio generativo*, porque busca desarrollar potencialidades y no quedarse en lo ocurrido. El *cambio remediador* responde a la terapia, a los trabajos de aspectos psicológicos, trabaja pacientes. El *cambio generativo* corresponde a un proceso de coaching porque trabaja con personas que se dirigen hacia adelante y atienden lo que deben desarrollar. El coaching es un proceso condicionado para el futuro, enfocado en los resultados del mañana.

El coaching responde a un proceso de cambio donde la acción estará presente y el aprendizaje será innegable. Es más una cuestión de decisión: porque es asumir si queremos cambiar o no y, cambiar desde una manera generativa, buscando el desarrollo personal y aprendizaje continuo dentro de su proceso.

El no cambiar puede corresponder a la postergación de algo, al miedo o al no querer salirse de la zona de confort. El postergar es reconocido como un aspecto de debilidad que sólo nos traerá desaliento al estar infeliz en un lugar donde no queremos estar.

El cambio es inevitable

> *"Como el cambio es un sinónimo de estar vivo y aprender, el vivir, crecer y desarrollarse es un cambio. De esta manera, el cambio es la única constante. Todo cambia. No hay similitud en ningún sentido absoluto. El cambio pasa en cada área y dimensión de la vida, desde lo físico a lo psicológico y emocional."*
> (Hall y Duval, 2010, p.208)

Si sabes que algo va a cambiar en tu vida de igual forma

¿Qué cambiarías desde hoy?

Si no te gusta tu empleo «al menos no estás satisfecho en la actualidad con lo que estás haciendo» y sabes que en algún momento eso cambiará, y no sabes si para bien o para mal ¿Qué puedes hacer desde hoy en relación a tu trabajo? En el sentido que encuentres la mejor opción que puedas tener desde hoy. Es importante ser consciente de esto, debido a que te permitirá tener ventaja para planificar y accionar por un cambio positivo y no esperar por un cambio imprevisto. Eso ofrece el coaching: un proceso para indagar todas las posibilidades que existan desde hoy para tu bienestar. El proceso está enmarcado de cierta forma en la anticipación a lo imprevisto, porque te ubica desde su inicio para ir tras lo que deseas alcanzar. De alguna manera, es un cambio planificado porque te permite buscar qué quieres lograr con respecto a cualquier ámbito que desees trabajar: laboral, profesional, familiar, espiritual, social, etc.

"El coaching trata sobre el cambio como todas las categorías profesionales para interactuar e influenciar las mentes y – los corazones de las personas". (Hall y Duval, 2010, p.167).

Ciertamente el coaching como proceso de cambio involucra aprender a manejar tus estados mentales, a obtener herramientas verbales que contribuyan a mejorar las relaciones interpersonales y a entender el contexto de los demás. Ayuda a manejar tus juicios y creencias, a crecer internamente y enseñar muchas disciplinas desde el establecimiento de tareas y acciones. Ayuda a que creas en ti y en la fuerza que se tiene cuando verdaderamente se quiere algo desde el corazón.

El coaching modifica de cierta manera la visión de la persona y reprograma los pensamientos para un mayor beneficio de crecimiento y cambio personal. Te pregunto, ¿Qué quieres cambiar desde hoy? escribe tu respuesta.

En otras palabras el coaching a través de su proceso le permite al coach y a la persona, que lo recibe, que se "concentren en mejorar la calidad de vida cambiando la manera de pensar y de actuar de manera emotiva, las actitudes, las acciones, las formas de relacionarse, etc." (Hall y Duval, 2010, p.92).

Es un cambio que estará reflejado en la nueva manera de pensar de la persona, con una actitud y consideraciones diferentes.

"Si te escuchas decir: 'No tengo suficiente _____ (llena el espacio en blanco)', hay algo imperfecto en tu situación actual. No obstante, uno de los principios que utilizamos en el coaching es que el presente es perfecto, como no podemos cambiar ese principio, habrá que cambiar otra cosa". (Miedaner, 2002, p.83).

Precisamente no se tratará de que te sientas mal por tu presente, es buscar las razones justas acerca de que puedes y deseas estar mejor desde donde estás, logrando tus metas para mayor plenitud y felicidad.

¿El cambio es fácil o difícil?

Según los autores Hall y Duval (2010), ambas opciones tienen su cuota de veracidad, es a la vez fácil y difícil dependiendo de ciertos aspectos, como el tipo de cambio que quieres afrontar, los recursos que utilices, etc.

En lo personal he comprendido y más en el cambio planificado, aquel que se da a través de un programa de coaching, que en un proceso de cambio se cumple variaciones, porque puede comenzar siendo difícil y luego cambiar a ser un proceso fácil. Aunque, el hecho de tener que tomar la decisión y ser consciente de requerir un cambio que involucra moverse de un sitio a otro desconocido generará resistencia, lo que conlleva a un aspecto difícil, más porque la resistencia se presenta y viene siendo parte intrínseca del cambio.

Sin embargo, con información y exploración sobre beneficios y ventajas acerca del cambio se disipa la resistencia, lo cual lleva a la persona o concebir el cambio como un aspecto mucho más fácil de manejar, al comenzar a atenuar las dudas y el desconocimiento. Así como también puede revertirse en un proceso difícil al observar que no se da del modo que se esperaba, que las expectativas eran otras; en fin, ciertas condiciones y variables en el proceso de cambio pueden hacerte sucumbir y ponerte el cambio difícil. ¡Claro! esta ecuación no es exacta, para otras personas podrían ser asumidos de otra manera, concebir por el ejemplo el cambio de una sola manera: fácil o difícil.

Para ti ¿cómo asumes el cambio?

Sea el cambio fácil o difícil, aleatorio o estratégico, lineal o sistémico, estamos siempre en presencia de cambios; el coaching como una herramienta que promueve el cambio ofrece un proceso de aprendizaje para movernos de un estado a otro de mayor capacidades. Un recurso que ahora se les brinda a muchas personas en distintos ámbitos para su crecimiento, porque el coaching es un proceso de cambio que lleva al crecimiento.

¿Qué tiene que ver el coaching con los sueños?

> Los sueños nos llevan más allá de nosotros mismos. Cada cambio en nuestra vida comienza con un sueño. Utilizamos la imaginación para proyectarnos hacia el mejor de los futuros". ¿Qué tiene que ver el coaching con los sueños? El coaching trata del cambio, de cómo hacer cambios. El coach es un mago del cambio que toma las cartas que tienes y te ayuda a jugarlas mejor, a cambiar las reglas del juego, o a encontrar un mejor juego.
> (O'Connor y Lages, 2004, p.23)

No hay otros autores que han podido expresar mejor la relación entre el coaching y los sueños que O'Connor y Lages (2004), y es que muchos hablan de alcanzar metas y sobre el proceso de cambio, no obstante hay cierta distancia que se asoma, en comparación cuando se habla de que todo cambio proviene de un sueño y que ese sueño es alcanzable a través de un proceso de coaching.

"El coaching implica tu imaginación y es, al mismo tiempo, una herramienta eminentemente práctica en el mundo real. Trata con objetivos y logros concretos. Vincula el mundo de los sueños con el de las realidades". (O'Connor y Lages, 2004, p.23)

Tan es así que puedes confirmarlo por ti mismo al responder:

¿Qué es lo más anhelado que deseas alcanzar en la vida?

Sólo te pido que te tomes el tiempo para escribir tu respuesta.

Este escrito te servirá de ahora en adelante porque de allí nacerán tus verdaderos anhelos, tu pasión, tus metas y por supuesto tus sueños. Al escribir lo que más anhela necesariamente se expondrá antes tus ojos lo que quieres lograr, bien sea en el ámbito profesional, laboral o familiar. Tómate el tiempo para escribir qué es lo que más anhelas alcanzar. No continúes leyendo. Escríbelo ahora. Este libro es práctico, no sólo te brinda la información, tiene un sentido práctico para que concretes lo que realmente deseas.

Escribe:

¿Qué es lo más anhelado que deseas alcanzar en la vida?...

Es por ello que la relación entre coaching como proceso de cambio está estrechamente vinculado con los deseos más íntimos que puede tener una persona, como sus sueños.

Sólo recuerda que hay dos formas básicas de lograr lo que deseas, como manifiesta Miedaner (2002, p.25), en su libro *Coaching para el éxito:*

o Decide tu objetivo y vas tras él

o Atraes hacia ti tu objetivo.

Aunque la referencia de esto es comprender que toda persona puede atraer el resultado que quiere. Miedaner (2002) asegura que a muchos nos enseñan sólo el primer método porque el segundo queda abandonado por la incredulidad de que podemos atraer el éxito.

Algo que no es cierto porque cuando pensamos y trabajamos por nuestros sueños, nos rodea otra energía. Cuando desarrollamos otras habilidades y nos atendemos forjamos otra actitud, es allí donde se trabaja desde el sentido de la atracción por lo que no será cuestión de suerte debido a que hemos decidido trabajar por lo que queremos y eso ya es un imán para que se dé. Sólo nos llegará lo que está en nuestra sintonía y armonía con nuestros sueños.

¡No te rindas, has el cambio que requieras para conquistar tus sueños!

> *"Las oportunidades son como los amaneceres:*
> *si uno espera demasiado, se los pierde".*
> William George Ward

CAPÍTULO 2

Desde la Sima a la Cima

¡Un día más! No recuerdo exactamente en qué fecha lo expresé, lo que sí es certero es que fueron palabras que representaban lo más profundo de mi Ser. Mi *Ser*, exactamente, eso era lo que reflejaba yo; te preguntarás ¿por qué? Esas palabras simbolizaban mi poco entusiasmado ante la vida. Allí descubrí la *Sima* de la vida.

Un día por la mañana mis padres se encontraban haciendo las labores de la casa, como de costumbre, y yo estaba mirándome desde arriba, (cuando te ocurren esos momentos que todo pasa en cámara lenta y tienes otro ángulo de observador). Me observé bien pequeñita, y llegó a mi mente esa realidad que te hace temblar, porque en realidad sentí que no tenía ninguna razón por qué levantarme, fui reflejo de un gran desaliento. En esa oportunidad caí en cuenta de mi *Sima* cuando sentí ese sentimiento tan profundo, diciéndome en un atormentado silencio ¿Qué importancia tiene hacer eso? ¿Cuál sería la diferencia de levantarse y regar las matas o dejar de hacerlo? y no fue todo, continué con esa sintonía de inconformidad y de tristeza ¿Qué sentido tendrá barrer, arreglar las cosas, regar las plantas?... pues para mí estaba en un momento, que muchos, tal vez, en alguna oportunidad sienten, que nada tenía sentido, te hartas y te dices que Dios te ha abandonado. Fue justo en ese momento que alcancé mi estado: no estaba feliz, ni conforme, ni dichosa, ni nada; sentía que estaba vacío mi mundo al no encontrar la belleza ni el valor de aquella mañana, ni de las pequeñas cosas. Creo recordar que absolutamente nada tenía sentido.

Inmediatamente fui a mi cuarto y decidí hacer algo al respecto. La cosa es que no sabía por dónde empezar, sólo estaba convencida de que necesitaba hacer algo por mí, pensando que si continuaba así, acabaría en una depresión tan fuerte que tal vez no encontraría la salida. Pensaba que no era feliz y que no podía brindar felicidad estando así.

Cuando escribo esto, me percato que ni en mí pensaba, "no haré feliz a los demás"...

Así como existe un punto tan alto en la montaña, que conocemos como Cima, también existe un punto profundo, llamado *Sima*. Allí donde me atrevo a afirmar que llegó mi *Ser*. Estar en la Sima, no fue un estado emotivo, ni una circunstancia, no siento que sea igual a perder un familiar, porque esto luego se va tornando en paz y tranquilidad, ni tampoco enfrentar un divorcio, porque esto se transforma en un resultado de aprendizaje. Bajar tu Ser a la Sima, es una analogía que hago considerando que llega un punto en la vida, dónde ni la desorientación ni el éxito tienen sentido, y el sentimiento de tristeza es profundo y descontrolado, que ni el llorar puede aliviar ese estado. Desconozco si todas las personas llegan a ese punto, lo cierto es que fue mi punto de inflexión, por lo que tenía que cambiar de rumbo y sólo dependía de mí.

Con todas mis fuerzas pedí, rogué, supliqué que se me mostrase el camino, porque se me había perdido y lamentaba mi descuido.

Algo pasaba en mí, no era difícil de comprender. Por el contrario soy de las personas que me cautiva cualquier momento, sea simple o esplendoroso, momentos naturales: una mañana escuchando los pajaritos, una vista del atardecer, el mar. Mi confrontación fue al mirar y cuestionarme sobre cómo es que no podía disfrutar de los pequeños detalles, me esforzaba y no lo conseguía. No era cuestión de esfuerzo, nada racional, era algo desde el inconsciente, algo de mis pensamientos.

Desde esa Sima comenzó mi camino hacia la Cima. En esos tiempos me interesé por todo, consideré que en algún momento me llegaría lo que estaría buscando; recuerdo que asistí a clases de budismo, quería aprender a meditar, y siempre había estado conectada hacia ello. Pero resultó que no estaba preparada para eso, cuando estaba viendo la pared blanca me sentí fuera de lugar.

Tomé clases de tango, al principio estaba muy contenta, aprendí pasos de salón, hasta que las clases se tornaron un martirio porque había que ir con una pareja. Recuerdo que en una ocasión, que todos tenían a una persona, me tocó practicar con el hijo de la profesora, me pareció agradable pero sentí que había aprendido lo necesario.

Me inscribí en un gimnasio al que muy poco fui, luego tomé clases de belly dance, y eso logró acaparar mi atención, hacerlo bien dependía únicamente de mí y de las prácticas, así que lo tomé muy en serio. Esperaba los días de prácticas como una niña para asistir a sus clases de ballet. Era un baile hermoso, despertaba sensualidad y por primera vez, deseaba estar gordita. ¡Que cómico, pero muy cierto! porque los mejores movimientos los hacían las compañeras más voluminosas, hasta los rollitos llamaban la atención. Allí pude sentir que eso trabajaba mi autoestima y mucho más.

En definitiva hice muchas cosas. Estaba dispuesta a conseguir lo que estaba buscando, decidida de que llegaría y que cada cosa que hacía, cualquier actividad o lo que leía contribuiría a encontrar ese camino. Creo que muchos pasamos por momentos en la vida donde el sentido se nos vuelve transparente, y andamos como vagando en una rutina que no nos deja nada. Pensar que la vida es corta y que nos podemos despedir mañana, nosotros o alguien a quien amamos, te devuelve a esa realidad de que no se debe perder el tiempo en algo que no te gusta, es buscar y encontrar lo que te apasiona, sino ¿para cuándo dejarlo?

Dejar de mirarnos por el ojo de los demás es necesario. ¿Quieres escribir un libro? comiénzalo, sin estar pensando en que van a decir los demás, ¿Quieres vivir cerca de la playa y dejar los temas de ejecutivos? si te hace sentir bien, experiméntalo. ¿Quieres desarrollar un negocio? busca la información, no te detengas por pensar en la gran competencia que vas a tener. ¡No te detengas! escucha bien, hoy siempre es perfecto, pero mañana puede ser mejor sólo si así tú lo decides y buscas lo que quieres, ¡No te detengas!, yo repito siempre que la vida es bella y corta, lo que hace del tiempo un hermoso y grandioso y único motivador para hacer las cosas YA. No te detengas, ahora lo digo con firmeza, busca lo que quieres y hazlo ya. ¡Sueña, pero hazlo!

No sabía lo que buscaba hasta que de manera inaudita llegó el pensamiento sobre el *cambio personal*, no lo distinguí las primeras veces, creo que hacía caso omiso a lo que sentía, pero mis creencias estaban dando de qué hablar. Así que lo que buscaba era algo que me hiciera poner las cartas claras sobre la mesa, algo que me dijera como te estoy diciendo ahora ¿Quieres hacer algo? hazlo ¿Qué te lo impide? ¿Qué te hace esperar? ¿Cómo te sientes dónde estás? ¿Qué cambiarías? ¿Qué estas dispuesta hacer para lograrlo? ¿Qué estás dispuesto a dejar por eso? Lee de nuevo estas preguntas y respóndelas.

Aunque, el cambio personal no llegó simplemente porque una vez dije «me hace falta cambiar». Mucho de esa introspección radicó en reconocer que me faltaba muchísimo por aprender. Tanto, que una de las respuestas que pude hallar en ese recorrido fue comprender que el sentimiento que estaba relacionado al vacío estaba dirigido más bien a llenar algo de mi ego, en vez de vacío era llenura. Echhart Tolle (2000, p.38), autor de *El poder del ahora*, lo explica de manera extraordinaria, al indicar que existe "la búsqueda del ego de la totalidad", lo cual responde a un aspecto de los dolores emocionales que experimentamos.

> *La búsqueda del ego de la totalidad*
>
> (...) forma parte intrínseca de la mente egoísta es una sensación profundamente arraigada de carencia o falta de totalidad, de no estar completo. En algunas personas, esto es consciente, en otras, inconsciente. Si es consciente, se manifiesta como el sentimiento agitado y constante de no ser valioso o suficientemente bueno. Si es inconsciente, sólo se sentirá indirectamente como un intenso anhelo, deseo y necesidad. (Eckhart Tolle, 2000, p.38).

Como mencioné es una de las respuestas que me han llegado a partir de esa emocionalidad que experimenté, no ha sido un examen psicológico al que me he sometido, sólo buscaba las respuestas y cómo no interesarse por saber lo que realmente está pasando con uno. Creo haber estado situada de manera consciente pero también inconsciente. Un *ego* que jugaba entre no producir sentimientos de valoración propia y un deseo desesperado por cubrir cierta necesidad. Lo que ciertamente arrojaba dirección errónea de mis pensamientos, lo cual se reflejaba en mi incomodidad y lo mejor que podía hacer era manejar mis pensamientos y mis creencias.

Robbins (2011, p.97), afirma en su texto *Poder sin límites* que "nuestras creencias son pensamientos organizadores de la percepción, específicos y coherentes. Son las elecciones básicas que hacemos acerca de cómo vamos a percibir nuestra vida, y en consecuencia, cómo vivirla", piensa desde hoy cómo quieres vivirla.

Fue el poema, la lectura, mis objetivos, las conversaciones, los cursos, la búsqueda, todo un cúmulo de aspectos tangibles e intangibles que me movieron de ese estado para comprender que era lo que realmente estaba buscando. Era un *Cambio Personal,* un cambio de esquemas mentales y de creencias, de pensar que todo me pasaba a mí, un cambio de actitud y de pensamientos, un cambio de negativo a positivo, un cambio de lo trágico a lo hermoso, un cambio Desde la *Sima* a la *Cima.*

> *"Nada es tan bueno o tan malo;*
> *es el pensamiento el que lo hace mal"*
> William Shakespeare

Oraba a Dios, escuchaba a mis amigos, compartía, pero la respuesta no llegaba tan rápido, no era tan simple. Fue como una brisa, como una bruma, no era clara. Mis pensamientos han sido los más difíciles de controlar, pues no sabía cómo acallarlos, sólo estaban allí atrayendo el pasado y adivinando el futuro, no existía el ahora, por eso no podía entender los mensajes ni lo que sentía, era algo del *ego.* No existía lo que realmente quería y anhelaba Irina. Fue entonces que llega mi comprensión sobre el Cambio, como parte de ese trabajo interno, de conocer el coaching y de su relación íntima con el autodescubrimiento y el trabajo de los pensamientos y las afirmaciones que reprograman tu mente para un mayor bienestar. Ahora, me encontraba en el *Ahora...*

Para el escritor Eckhart Tolle (2000, p.63), parte de lo que percibe del *Ahora* lo refleja en su apartado acerca de *La alegría del Ser,* en el que expone que cuando se actúa consciente desde el momento presente se olvida todo lo externo, la infelicidad y todo se desvanece. "En el momento en que su atención se vuelve al ahora, usted siente una presencia, una quietud, una paz. Deja de depender del futuro para la realización y la satisfacción, no mira hacia él para la salvación. Por lo tanto, no está apegado a los resultados. Ni el fracaso ni el éxito tiene el poder de cambiar su estado interior de Ser. Usted ha encontrado la vida que hay oculta en su situación vital".

En coaching se entiende que es un proceso de cambio que entraña aprendizaje y busca resultados, no obstante su trabajo interno responde más allá de esto. Es decir lograr ser *conscientes del Ser*, como lo refiere el autor, estar *presente en el ahora* le permitirá a la persona vivir feliz desde HOY, sin esperar ningún tipo de satisfacción del futuro o regocijo de algún hecho pasado, su estado no estará condicionado a los resultados, su felicidad y satisfacción está en el *Ahora*, conscientes del Ser, porque "cuando esté en su estado de Ser ¿Cómo puede usted no triunfar? Usted ya ha triunfado?" (Eckhart Tolle, 2000, p.63).

El poder del pensamiento

> ¿Qué es el pensamiento? Para cada persona es algo distinto. Para algunas significa sobre todo imágenes en su mente. Para otra es una voz interior o una sensación que no puede analizarse demasiado. En otras palabras, en nuestra mente vemos, oímos y sentimos exactamente igual que en el mundo externo con nuestros sentidos. Re- experimentamos el mundo, nos lo re-presentamos por medio de los sentidos. (O'Connor y Lages, 2004, p.78).

Yo estaba cerca de la voz interior, los pensamientos no se detenían y los sentidos respaldaban mi mundo exterior, estaba con un encuadre muy distinto al que yo quería. Sólo pensaba en sueldos bajos, injusticias, culpas, esfuerzo, esmero y así tal cual se reflejaba en mi realidad, todos los sentidos transmitían esos mensajes.

Así que comencé a trabajar la metafísica, el poder del pensamiento para autosugestionar lo que realmente quería atraer a mi vida. Aunque, ciertamente tuvieron que pasar no sólo algunos días sino muchos para que las nubes grises se tornaran blancas y el sol brillase más. Fue tanto la sugestión que ni atención le prestaba a las largas colas (tráfico).

El diccionario dice que la sugestión es el acto de introducir en la mente de alguien el proceso mental por medio del cual el pensamiento o idea sugerida es acogida, aceptada o llevada a cabo.

> Usted debe recordar que la sugestión no puede imponer algo en la mente subconsciente contra el deseo de la mente consciente. En otras palabras, su mente consciente tiene el poder de rechazar la sugerencia dada. (Murphy, 2009, p.15).

Por tanto inconscientemente, diría yo «porque no conocía mucho sobre el trabajo del coaching, la reprogramación mental, las afirmaciones o el manejo del subconsciente», dando vuelta a mis pensamientos, dirigiéndolos a lo que realmente deseaba. Era un trabajo sencillo aunque algo complicado en el día, debido a que consistía en no pensar lo que no quería y pensar sólo en lo que quería. No sé la razón o el por qué nos acostumbramos a pensar en lo que no queremos en vez de dirigir todos nuestros pensamientos y energías a lo que realmente deseamos en nuestra vida.

En otras palabras, dirigir lo que pensamos a lo que no queremos es trabajar nuestra mente en un encuadre negativo.

> La mayoría de la gente no entiende que piensa negativamente a menos que haga esfuerzos conscientes para inspeccionar sus pensamientos, acciones y reacciones. El proceso de autoanálisis es sencillo. Sólo pregúntate: "¿Es esto positivo o negativo?" cuando fallas en hacerte cargo de tu propia mente y orientarla hacia tu propia elección empleando el poder de la visualización, hay muchas probabilidades de que tus reacciones

sean negativas en lugar de positivas. (Hill y Ritt, 2011, p.59)

Por tanto me gustaría preguntarte si supieras que con una mentalidad distinta y el desarrollo de nuevos pensamientos conseguirías todo lo que quisieras ¿lo harías? Entonces, ahora que sabes que tus pensamientos son tu realidad, comienza a forjar esa realidad que tanto quieres. Comencemos a pensar y enfocarnos en lo que queremos.

Un ejercicio que se expone en el libro *Las claves del pensamiento positivo*, de Hill y Ritt (2011), para eliminar los pensamientos negativos se basa en hacer una lista y llamarla "Fiesta a las que no quieres ir".

Allí estarán las fiestas como:

> Fiesta de compasión: cuando te sientes mal por ti.
> Fiesta de culpabilidad: cuando estás buscando a alguien a quien culpar.
> Fiesta de orgullo: estás sufriendo porque tu ego ha sido lastimado.
> Fiesta de cerdo: cuando estás siendo egoísta.
> (Hill y Ritt, 2011, p.62)

Al llegar algún pensamiento negativo revisa tu lista para saber si la causa del pensamiento pertenece a alguna de las fiestas que no quieres asistir, y pregúntate ¿qué sucede con la llegada de ese pensamiento?

Hill et al. (2011, p.62), manifiestan que "los pensamientos negativos que aparecen en tu mente son el producto de un pasado que has decidido dejar atrás. Vienen de experiencias que has decidido superar y no tienen nada que ver con la clase de pensador y gestor en que te estás transformando".

Asimismo, comentan que lo enfrentes con un pensamiento positivo de ti mismo, de la persona o de la circunstancia. Se habla de que el pensamiento positivo tiene mayor fuerza que el negativo.

> *"Una actitud mental positiva pone el poder para hacer,*
> *en tus manos así como en tu cabeza"*
> (Hill et al., 2011, p.66).

De hecho, en el modelo de cambio propuesto por Kurt Lewin (c.p. Chiavenato, 2006), se asume que hay fuerzas impulsoras y fuerzas opositoras, que es lo mismo que fuerzas positivas y negativas.

> Cuando las fuerzas positivas son mayores que las negativas, el intento de cambio es exitoso y ocurre en forma efectiva. (…) el cambio sólo ocurre cuando se incrementan las fuerzas de apoyo y soporte o cuando se reducen las fuerzas de resistencias y oposición. (Chiavenato, 2006, p.323)

A pesar de que hablamos de fuerzas positivas y negativas para lograr con éxito un cambio, los pensamientos han de formar parte de ese cambio, el tener o mantener pensamientos negativos, estarán actuando como fuerzas restrictivas, que no te permitirán avanzar con éxito.

El cambio sólo ocurre cuando son mayores las fuerzas de soporte, aquellas impulsoras que te animan al cambio, será beneficioso entonces que tus pensamientos sean el mayor soporte y que tengas fuerzas positivas que te impulsen al cambio. Sean tus pensamientos el mayor soporte y no el mayor saboteador.

Vale la pena el esfuerzo debido a que desde tu día y tu mundo pueden cambiar al mismo instante que cambies y trabajes tus pensamientos. La autora del texto *Coaching para el éxito,* Miedaner (2002), refiere que uno atrae aquello que cree merecer, y como todos tenemos el derecho de buscar y trabajar por lo que merecemos, esta aseveración sobre el poder del pensamiento, te hará el favor de atraer lo que te mereces.

> Piensa en algo que realmente quieres, quizás un trabajo especial, un premio, una posesión material o una suma de dinero. Tal vez hayas pensado: 'Quiero esto, pero no puedo tenerlo'. La realidad se basa, por lo tanto, en esa creencia subyacente: 'No puedo tenerlo', y por supuesto no lo has conseguido. Sólo recibirás aquello que desees cuando modifiques tu forma de pensar, o sea, cuando digas: puedo tenerlo, '¿cómo puedo conseguirlo?' o incluso 'lo tengo'. Tus pensamientos tienen gran poder y se manifiestan en la realidad. (...) Uno atrae aquello que cree merecer. (Miedaner, 2002, p.302).

Poder manejar lo que pensamos e introducir a nuestra mente pensamientos positivos y de éxitos, nos asegura un camino más dichoso en virtud de lo que queremos debido a que sólo vas a pensar y clasificar pensamientos para tu bienestar. Como refiere la autora sólo recibirás aquello que desees recibir. Pide al universo lo que mereces y deseas recibir, pero eso sí, con mucha precisión.

El poder de la palabra

> *"Las palabras de la gente reflejan sus pensamientos y éstos reflejan su realidad de modo que es importante emplear las palabras exactas"*
> (O'Connor y Lages, 2004, p.78)

Las palabras eran reflejo de mi estado y daban orden a mis pensamientos de estar en el camino que estaba, algo que era más que una realidad, era una forma de vida, un hábito de pensamientos dirigidos hacia lo que no quería.

Las palabras comenzaron a trabajar solas, hasta llegar a esa realidad que se repetía una y otra vez. Las palabras ejercen una gran fuerza en la mente, pensamientos y acciones, además de una estrecha relación con lo que recibimos. La escritora Hay (2007), refiere que cuando pronunciamos una palabra, ésta se convierte en nuestra experiencia.

Es decir, lo que experimentamos es promovido desde las palabras o mejor dicho desde lo que decimos, luego se transforman en pensamientos, acciones y se atrae todo de acuerdo a ello. Igualmente, suelen ocurrir otras cosas delante de nosotros pero nuestros sentidos sólo estarán dirigidos a captar las que estén relacionadas con nuestros pensamientos.

Si hablas de quejas y tus palabras son de quejas, toda tu mente estará condicionada a trabajar bajo este aspecto y la experiencia también estará representada con "la queja". Es un sistema que puede ser productivo o no, dependiendo de cómo lo manejes.

Es un sistema compuesto por la palabra, pensamiento, mente, acción, experiencia y resultado; si le ponemos "la Queja", entonces será un sistema más o menos así: Una palabra sobre la queja; un pensamiento de queja, una mente copada de quejas, una acción definida por la queja, una experiencia en relación a la queja y un resultado de la queja.

Otro ejemplo del sistema al utilizar una palabra que emana positividad como prosperidad, establecería lo siguiente: Una palabra sobre la prosperidad; un pensamiento de prosperidad, una mente copada de prosperidad, una acción definida por la prosperidad, una experiencia en relación a la prosperidad y un resultado de prosperidad.

¿Qué pasa por tu mente? No es evidente lo que una palabra puede generar en nosotros. Este sistema te permite observar los componentes que van desde la palabra emitida al resultado. Cambia hasta la expresión fisiológica de cualquier persona al hablar de prosperidad en vez de la queja.

¡Anota el sistema y de vez en cuando incluye en cada recuadro la palabra que más te gusta o te disgusta! nota la diferencia; no sólo de actitud sino de las sensaciones que vas experimentando. Cuando expresas lo que es beneficioso para ti, tu mente y tu actitud en general funciona de manera diferente.

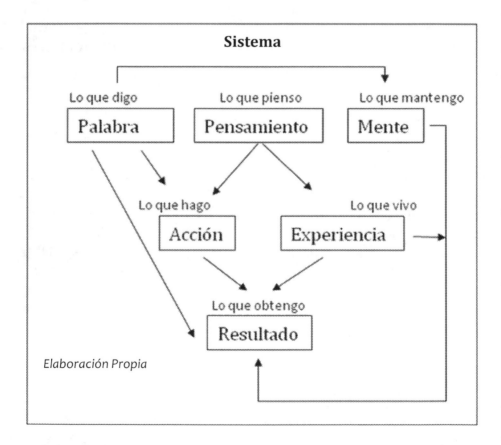

Considera las palabras que utilizas a diario y trabájalas bajo este sistema. Seguramente cambiarás aquellas que no arrojen un resultado beneficioso. Es por esto que se habla acerca del poder de la palabra, no sólo porque cuentas con la precisión y exactitud para transmitir una idea sino el uso de su poder dentro de este sistema de reprogramación mental que de cierta manera trabaja para tu felicidad, bienestar y satisfacción. Piensa en riqueza y pasa la palabra por el sistema: lo que hablo: de riqueza; lo que pienso: sobre riqueza; lo que mantengo: acerca de la riqueza; lo que hago: relacionado a riqueza; lo que vivo: riqueza; lo que obtengo: riqueza. Una palabra puede definir tu acción, experiencia y resultados.

"Eres un artista y, como tal, para ti no existe una manera correcta o incorrecta de crear tu arte; sólo hay belleza o no la hay; hay felicidad o no lo hay. Si crees que tú eres un artista, entonces todo vuelve a ser posible de nuevo. Las palabras son tu pincel y tu vida es el lienzo".
(Ruiz y Ruiz, 2010, p.52)

Utilizar las palabras adecuadas permite obtener otros resultados. Así como limpiamos la casa, también hay que limpiar la mente, introduciendo palabras en beneficio propio.

"La palabra hablada tiene un poder enorme, y muchos de nosotros no nos damos realmente cuenta de su importancia. Consideremos las palabras como los cimientos de lo que creamos continuamente en nuestra vida". (Hay, 2007, p.38).

Igualmente, Ruiz et al. (2010, p.53) manifiestan que "la palabra, como símbolo, tiene la magia y el poder de la creación, porque puede reproducir una imagen, una idea, un sentimiento o una historia entera en tu imaginación".

Es así como la palabra también reproduce el resultado. Se interpreta el poder de la palabra porque ésta viene siendo una de tus herramientas para crear tu vida. Su fuerza proviene de que eres tú el creador de lo que dices y quieres para tu vida; al igual que eres, como refieren los autores, el mensajero y el pintor de lo que creas.

"La impecabilidad de la palabra tiene tanta importancia porque la palabra eres tú, el mensajero. La palabra es el mensaje que transmites, no sólo a todos los demás y a todas las cosas que te rodean, sino también el mensaje que te transmites a ti mismo". (Ruiz et al., 2010, p.53)

Las palabras son contagiosas por lo que debemos ir escogiendo cuáles nos representan y cuales queremos que estén a nuestro alrededor. La impecabilidad de la palabra lo propone Miguel Ruiz como uno de *Los Cuatro Acuerdos* que planteó en su libro, con este mismo nombre, con la finalidad de facilitar esta herramienta de sentido común para crearnos un mejor estilo de vida desde lo que pensamos y decimos.

Un acuerdo que conlleva comprender la fuerza de la palabra sobre lo que creas para tu vida.

> Eres el creador de la historia de tu propia vida. Si utilizas la palabra impecablemente, sólo imagínate la historia que vas a crearte para ti mismo. Utilizarás la palabra para expresar la verdad en cada pensamiento, en cada acción, en cada palabra que utilices para describirte a ti mismo y para describir la propia historia de tu vida. (Ruiz et al., 2010, p.53).

Sé impecable con la palabra es uno de los acuerdos, que transmite hablar con integridad, entendiendo que lo que decimos no es sólo para los demás sino para nosotros mismos. Da a conocer que lo verbal es tu realidad, lo que dices es lo que experimentas. De esto se hablaba anteriormente, ajustando esta realidad a un sistema que fluye desde lo verbal hasta los resultados.

En el texto bíblico, especialmente en el libro de Mateo ya se mencionaba sobre el resultado de la palabra al decir que los hombres serán condenados de acuerdo a las palabras que digan. Recordar que la palabra no es sólo para el otro sino para uno mismo, nos hace más conscientes de cuáles usar, porque creamos la vida de acuerdo a ellas.

¡La persona que quiera excelentes resultados, comenzará a crear esa realidad desde lo verbal! Comienza a trabajar con el poder de la palabra y muy pronto te regocijarás en esa realidad. ¡Comienza a ser con alegría un extraordinario pintor de tu vida! Tener una actitud de alegría es también una forma de manejar nuestros pensamientos.

"Cultivar una actitud de alegría es, en un sentido muy real, poner el espíritu o energía de dios en todo lo que encuentras cambiando tu mente (...)". Dyer (2006, p.331)

Dyer (2006, p.334), a su vez revela que ese estado de gozo depende de los pensamientos. "Significa dejar de preocuparte por cómo te perciben los que te rodean, significa distanciarte de los resultados que produces y, en cambio, entregarte de lleno a las actividades de tu vida. Significa negarte a ir en pos de la felicidad y, en cambio, poner felicidad en todo lo que hagas. (...) encuentras la alegría perfecta cuando no la buscas, al comprender que está dentro de ti".

Esa búsqueda de tu Yo interior es en esencia un resultado del trabajo interno que se va desarrollando a través del *manejo de pensamientos* y del buen uso de *la palabra*. Es un trabajo que te mantendrá en sabiduría. Dyer en su texto expone que el silencio te lleva a ese Yo interior, hacia un colmado de sabiduría. Que resulta en uno de esos trabajos que no nos hacemos; incluso el autor confiesa que lo único es que no aprendemos a aprender del silencio y menos se aprovecha el poder de la palabra y los pensamientos.

En este mismo contexto he de mencionar que el silencio nos revela mucho de nuestra personalidad, si controlamos nuestros pensamientos, si podemos concentrar la atención en algo, si tenemos la disciplina de terminar algo sin desconcentrarnos. En realidad, el silencio es el máximo medidor del control de la emociones; poder estar en silencio permitirá estar en calma en los momentos apremiantes, lo que permite una ventaja a la persona que controla sus emociones y maneja el silencio.

CAPÍTULO 3

¿Cómo se llama tu Sam?

Una luz de atardecer en el mes de febrero de 2014, alumbra mi cuarto, con una caliente taza de café me dispongo, con mis manos sobre un teclado, a comenzar a escribir este texto, que llega desde lo más profundo de mi Ser. Así comienza esta narración que imprime los detalles del entorno para que sirvan de fuente de inspiración a tu mente, para que igualmente tú también puedas detenerte, respirar y observar cada elemento a tu alrededor, disfrutar el momento de estar contigo.

Comienzo primero por exponer que se debe estar en sintonía con tu más profundo *Ser,* dispuesto a entenderlo y reconocerlo. Ya leímos en el capítulo *Desde la Sima a la Cima,* que es una decisión desde el consciente. Esto quiere decir, que es hacernos consciente dónde estamos y hacia dónde queremos ir, pero ¿cómo lograrlo? ¡Verdad!. Parte de este escrito lleva a responder con afán a esta valiosa pregunta. Ahora bien, lo mismo ocurriría si estuviésemos bien, porque siempre hay algo que conocer de nosotros, siempre habrá algo porque moverse de un sitio a otro. Los vientos cambian y en algunas ocasiones no están a favor. La idea es inducirte a que estés atento a lo qué quieres y, más allá de eso, comprender que estar consciente del cuándo es necesario ajustar las velas y no esperar el viento a favor. Recuerda que:

"No hay viento favorable
para el barco que no sabe a dónde va"
Séneca

No sólo es saber hacia dónde dirigirnos, muchas veces es necesario no esperar el viento a favor y emprender el rumbo. Emprender ese camino hacia dentro de nosotros. Comenzar ese camino hermoso y valioso de conocernos.

"Entra en tu interior y descubre quién eres".
(Hay, 2007, p.25)

¿Cómo lograrlo? ¿Cómo saber hacia dónde voy? ¿Cómo saber qué quiero? Dios, la vida, el destino, otro Ser Supremo, indistintamente de quien te haya otorgado la magia de tu *Ser*, está allí; apreciarlo y conocerlo te llevará a sobrepasar muros inmensos para dirigirte hacia donde quieras ir y hacia lo que deseas lograr.

¿Qué tendrá que ver conocer hacia dónde ir con mi Yo interior? No lo sé. Lo que si te puedo decir es que sólo tú lo sabes, cada persona lo sabe, la diferencia estriba en qué muchos no se ocupan en buscarlo, en preguntarle a su *Yo* exactamente qué quiere, hacia dónde desea ir o qué lo hace feliz.

Al principio no es fácil de digerir, muchos hasta estarán escépticos, exclamando y diciendo: ¡Yo me conozco! ¡Sé lo que quiero! ¡Tengo claro hacia dónde voy! Ya tengo mis hijos para donde voy a ir. Muy bien. Eso está perfecto. Ahora, comprender si lo que sabes o si el camino qué has tomado te está siendo feliz es otra historia. Has llegado hasta este punto y con esa experiencia de la vida, sólo imagina ¿Qué otra cosa deseas alcanzar? ¿Qué tan feliz eres haciendo lo que haces ahora? ¿Qué tan feliz eres donde te encuentras ahora?

Al menos yo comprendí que no era así, sólo puedo hablar por mí y ciertamente no tenía ni idea de lo que quería mi

Yo. Consideré que lo que había hecho hasta el momento no era lo suficiente y algo faltaba. Entendí que mi sentido de vida estaba distorsionado y lo comprendí, aún más, cuándo obtenía lo que quería, pero no lo era en realidad.

"Somos tontos los que nos escondemos de nosotros mismos y ni siquiera sabemos quiénes somos... No sabemos lo que sentimos, no sabemos lo que deseamos. La Vida es un viaje de autodescubrimiento".
(Hay, 2007, p.25)

En la Sima pude comprender que quería algo, que estaba en busca de algo, pero no sabía precisamente por dónde comenzar a buscarlo.

Hasta que acepté una de las maravillas de la vida y fue a través de escuchar a mi Yo interior, me hizo sentir lo que realmente quería. Anteriormente, estaba en busca de respuesta ahora sé que sólo yo las podía tener. No es que es malo escuchar, no estamos hablando de eso, a lo que me refiero es que sólo tú eres quién puede responder sobre lo que te hace feliz: ¿Quién sabe sobre tus sueños? sino tú, ¿Quién conoce las metas que te apasionan? Sólo tú eres el explorador de lo que quieres.

No hay mapa que te guíe, ni padres a quienes escuchar, ni amigos a quienes seguir, ni personas exitosas que puedas modelar en este primer paso. Sólo Tú sabrás quien eres y hacia dónde quieres dirigirte, ya luego si pudieses comenzar el trabajo de escuchar, de buscar modelar a alguien que haya alcanzado lo que tú quieres lograr. No esperes una situación desesperante, depresión o engaño de alguien para tomar la hermosa decisión de ir a tu interior y redescubrir lo que quieres y mereces.

He escuchado muchas personas decir «este trabajo no me gusta, paga muy poco, pero debo pagar las cuentas, comer, los hijos, la casa». Cada quien tiene presente sus temas personales, que se van mostrando desde los "debo" y los "pero". Ciertamente hay que pagar las cuentas, ser responsables con los hijos, también tener en cuenta que las decisiones traen consecuencias. Ahora bien, tu *Yo*, el que hace que te sientas diferente, te está mostrando algo que ya no te agrada, que te incomoda; no te está diciendo que dejes el trabajo, ni que pases hambre o seas irresponsable. Sólo te advierte que no te gusta lo que estás haciendo, tu trabajo en este caso. De cierto modo te muestra que no estás siendo feliz.

Lo primero es reconocer el sentimiento, aceptarlo y tenerlo presente. Al menos que te guste pasar los días sintiéndote igual. Con algo de frustración o tristeza que esto va ir generando. ¿Sabes por qué? Porque este camino ya no está correspondido a lo que realmente quiere tu *Ser*. Responde: ¿Cómo te sientes con lo que estás haciendo ahora?, ¿Cómo te sientes de hacer esto durante los próximos 15 años? ¿Puedes hacerlo durante los próximos 15 años?

Muchos de nosotros hemos escuchado a algunas personas hablar sobre hacer algo, pero quisieran hacer otras. El ejecutivo de la metrópolis que quiere vivir cerca del mar, por ejemplo. Por esto quisiera recordarte que el tiempo es valioso, es bueno detenerse de vez en cuando para explorar lo que realmente queremos, sea en pequeños o grandes detalles, sueños, objetivos; en pocas palabras buscar lo que nos hace feliz. Medir si nuestro tiempo tan valioso está siendo bien administrado, porque qué pasará cuando no se tenga la misma fuerza física... y es allí que oigo decir "yo siempre quise hacer aquello" "me hubiese gustado intentarlo..." llegan los "hubieses". Aprovecha la capacidad de ahora, la salud de ahora, identifica los sueños, define tus metas, crea las energías, hazlo ahora. ¡Nunca es tarde ciertamente pero mientras comiences antes mejor!.

Por otro lado, no sería ético de mi parte afirmar que si haces caso a tu Yo interior, te irá mejor o serás feliz o más feliz ¿Sólo tú lo sabrás? Sólo el compromiso, la fe y la disciplina, entre algunos aspectos que te puedo mencionar, darán resultado. Es sólo una invitación a conocer y comprender tu Yo interior. Que está allí para ti, que se refuerza de tus instintos, de tu mente subconsciente con una riqueza de sabiduría infinita, que estará como compañero sabio para cuando así lo necesites.

¿Egoísmo? Jamás lo creería así. Desde la sagrada escritura se habla de amar a tu prójimo como a ti mismo. No Podemos amar a otro sin amarnos, sin conocernos o atendernos. Comenta Hay (2007), que pasamos de ser víctimas a triunfadores cuando nos amamos.

Pensar en lo que uno quiere no es ser egoísta, es conocerte. Darte la prioridad que mereces es un maravilloso gesto de amor por ti mismo. Ser conforme e infeliz, no demuestra tu amor propio. No es simplemente aceptar el sendero en el que estamos, podemos cambiarlo si así lo quisiéramos.

"La gente no suele percibir el sendero por dónde transita".
(Fisher, 2006, p.35)

El Caballero de la armadura oxidada, es un texto que transmite muy bien el rumbo que vamos obteniendo pero que de alguna u otra forma todo puede cambiar. La persona como usted, como yo y como muchos, aceptan el sendero, sea favorable o no, decimos muchas veces "todo mejorará", "es lo que me ha tocado vivir", "nací en este país", son parte de las expresiones a las que nos sujetamos.

Yo me propuse a averiguar ¿Cuál era ese sendero que quería recorrer? A partir de haberme hecho consciente de querer algo más allá de mi realidad. Me dediqué a ahondar en libros, con mi familia, con mis amigos, para dónde fuera y con quién estuviera. Estaba vehemente deseosa de la respuesta. No obstante, como ya había mencionado, sólo fue dentro de mí donde pude hallar la respuesta.

La historia de la que hablaba sobre *El Caballero de la armadura oxidada*, representa un poco de ese autoconocimiento que todos tenemos que hacer para saber el sendero que queremos tomar. Aunque no pretendo contar mucho, se me hace imposible no hablar un poquito de esta bella historia sobre un caballero con su armadura oxidada:

Había una vez un Caballero que estaba en busca de resolver algo con su armadura, pues llegó un momento en que ya más nunca se la pudo quitar. Él buscó ayuda en el *Mago Merlín* quien le ofreció dos caminos para resolver lo que quería, advirtiéndole que no sería muy difícil: el primero, representaba el camino por dónde él mismo había regresado; allí sólo encontraría deshonestidad, avaricia, odio, celos, miedo e ignorancia, como ya él así lo conocía, pero no había comprendido. El otro camino era un poco más estrecho e inclinado y se llamaba el *Sendero de la Verdad*, por allí, advirtió el Mago que, debía pasar tres Castillos hasta llegar a la cima.

El *Caballero* sin entusiasmo por ver aquel camino tan empinado, le comenta al Mago Merlín:

> *"— No estoy seguro de que valga la pena.*
> *¿Qué conseguiré cuando llegue a la cima?*
> *Se trata de lo que no tendréis — explicó Merlín —.*
> *¡Vuestra armadura!".*
> (Fisher, 2006, p.36)

Advirtiendo esto, el *Caballero* se dispuso a probar ese nuevo sendero; Merlín asintió que se requería de coraje para decidir transitarlo con aquella pesada armadura. Así que comenzó su viaje... el *Caballero* al llegar al lugar *El Castillo del Silencio*, recibió su primer aprendizaje, pues como muchos de nosotros nos hacemos grandes expectativas, esperamos algo más, él también lo hizo y esperaba algo más de lo que estaba viendo.

El *Caballero* le comentó su decepción a sus dos fieles acompañantes del viaje, que esperaba ver un castillo más elegante. A la que una de sus acompañantes, la Paloma, llamada Rebeca, le confiesa:

> "— Cuando aprendáis a aceptar en lugar de esperar, tendréis menos decepciones. (...) Los animales aceptan y los humanos esperan. Nunca oiréis a un conejo decir: «Espero que el sol salga en la mañana para poder ir al lago a jugar». Si el sol no sale, no le estropeará el día al conejo. Es feliz siendo un conejo."
> (Fisher, 2006, p.43)

El primer aprendizaje del *Caballero* define un poco sobre lo que nos encontramos en la vida: las decepciones por alguna espera, una clara enseñanza proviene de los animales porque son ellos quienes no califican de bien ni mal, sólo viven sin esperar nada. En muchas ocasiones, como refiere el tema de este apartado no nos detenemos a buscar lo que hay dentro de nosotros, no sabemos lo que queremos, sólo esperamos que muchas cosas buenas ocurran, pero cómo van a ocurrir exactamente las que queremos si no las conocemos y mucho menos vamos detrás de ellas, simplemente las esperamos.

Posteriormente, El Caballero entró al castillo y no encontraba qué hacer, en eso se encuentra al *Rey* del pueblo dónde él provenía, aunque él había pensado que el *Rey* estaría en una cruzada. El *Rey* le comenta. Yo digo a mis súbditos eso, porque *"— todo el mundo entiende las cruzadas — dijo el rey — pero muy pocos comprenden la verdad"*. (Fisher, 2006, p.47).

El *Caballero* le insistía que no le dejara sólo y la repuesta del *Rey*, fue:

"— Soy lo suficientemente sabio para saber cuándo estoy atrapado, y también para regresar aquí para aprender de mí mismo". (Fisher, 2006, p.47).

Por lo que, dejó entrever al *Caballero* que debía estar solo y aprender de eso. El caballero debía aprender acerca de encontrarse consigo mismo, de su verdad interior. El *Caballero* desesperado, deprimido, hablaba y hablaba, cantaba, realmente no justificaba aquello. Hasta el momento en qué aquietó sus pensamientos, y en una de sus preguntas, una voz le respondió.

Asombrado, no creía que viniera dentro de sí mismo.

Aquella voz que le respondía, le menciona que: *"— soy tu yo verdadero. (...) He estado aquí durante años — replicó la voz —, pero éslu es la primera vez que estás lo suficientemente silencioso como para oírme."* (Fisher, 2006, p.54).

Al principio fue difícil de comprender, pero luego El *Caballero* admitiendo esto, confesó que sólo le faltaba saber cómo podía diferenciarlo de sí mismo porque el *Caballero* no podía explicarse como esa voz era él mismo; y le pregunta a la voz cómo podía llamarlo para no confundirse entre él mismo y esa voz. Decía que no podía llamarlo *Yo*, aunque la voz le insistía, *«pero Yo soy tú»*. A lo que ésta le dijo entonces. Llámame *Sam*.

El Caballero luego al ver a Merlín, le preguntó:

> *"— Entonces, ¿lo oí realmente? ¿No fue sólo mi imaginación?*
> *Merlín soltó una risita ahogada.*
> *—No, Sam es real. De hecho, es un Yo más real que*
> *el que habéis estado llamando yo durante todos*
> *estos años. No os estáis volviendo loco. Simplemente,*
> *estáis empezando a oír a vuestro Yo verdadero."*
> (Fisher, 2006, p.58).

Prometí no revelar mucho de la historia. Aunque, estoy segura que estarán deseosos por saber cómo culmina el andar de *El Caballero de la armadura oxidada* por *El*

Sendero de la Verdad. Esto es sólo una parte de la grandiosa parábola que hace el autor con la experiencia del Caballero y la vida real.

En cuanto a esta historia, es el sendero de la verdad que lleva a conocer al *Caballero* a su *Yo* interior, quien ha estado ahí y lo estará para andar y conocer ese camino que quieres. En esta historia hay muchos aprendizajes, como la idea de los humanos de esperar y de hacernos expectativas o reconocer que siempre tendremos la opción de quedarnos en el mismo sitio o de transitar un camino distinto.

Comprender que si se puede aprender de uno mismo es esencial para estar bien, encontrar esa verdad es parte de nuestro camino. Muchas veces la soledad que malgastamos es un gran recorrido por el sendero de la verdad. El conocernos y escucharnos nos puede llevar a ese sendero de conocer la verdad que buscamos, he tenido la oportunidad de conocer algunas personas y en sus procesos de coaching siempre descubren algo que no estaban considerando desde un principio, allí es donde emanan sus verdaderos sentimientos y emociones provocados por aquellos sueños y anhelos, que insisto, debes encontrar para acercarte a la vida feliz, a la vivencia plena. Es triste que puedas tener un talento o vivir ilusionado por querer hacer algo y estés malgastando el tiempo en otro sendero. ¡Escúchate...!

Conocerse a sí mismo

Lo que quisiera resaltar con mayor fuerza es la diferencia que ofrece llegar a conocerte y escuchar a tu *Sam.* Tu *Yo interior.* Tener actitud positiva, pensamientos, aceptación, cualquier aspecto que podamos mencionar está muy bien, pero lo primero por hacer es autoconocernos. Tener conciencia de quiénes somos y queremos.

Sólo conociéndote sabrás esto. El comprender dónde encontrar las respuestas te permitirá hacer lo que quieras, lograr lo que deseas e ir hacia dónde quieras. El *Caballero* aceptando que debía hacer algo buscó ayuda, fue consciente de lo que necesitaba hacer, aunque no sabía cómo sería el camino lo emprendió, tuvo el coraje de ir por la verdad; verdad que se encontraría sólo en su interior.

"Es preciso que te comuniques con tu guía interior, porque es la sabiduría que conoce las respuestas para ti. No es fácil escucharnos a nosotros mismos cuando los amigos y familiares nos dicen lo que hemos de hacer. Sin embargo, las respuestas a todas las interrogantes que se van a plantear en tu vida están ahora mismo en tu interior".
(Hay, 2007, p.25).

Ahora, te pregunto *¿Cómo se llama tu Sam?* Escuchar lo que quiere decir tu interior es poder dirigirte a cambiar de camino por el que realmente quieres transitar.

No podré saber cuántos, de quienes lean este capítulo, se habrán entusiasmado a comprender que conocerse a sí mismo libera, por lo que más que ayudarte es brindarte el conocimiento acerca de lo que deseas, necesitas y quieres. Es un paso valiente no esperar a que cambie el camino, sino emprender el camino y comprender que trabajar en el cambio hacia lo que queremos es trabajar primero en conocernos desde nuestro Ser.

Quiero *¡Felicitarte!* y comentarte que este inicio de toma de consciencia es un gran avance *¡Grandioso Avance!* Conocerte es el mejor regalo que te puedas brindar. No importa el tiempo que llevas tratando de encontrar respuestas a tu vida, lo que importa es que has venido trabajando en hacerlo real. Te invito a buscar dentro de ti, para que estés en sintonía con lo que realmente quieres en la vida.

En relación a ello, permíteme comentarte acerca de un cuento sobre el Bambú Japonés, el se explica el proceso de crecimiento del bambú, pues éste tiene algo muy particular, dura siete años desarrollando raíces y sólo siete meses en crecer más de treinta metros. Lo que para cualquier agricultor pensaría en esos primeros meses que la semilla no sirve y no esperaría a que creciera. Por lo que deseo que entiendas que no seas como el agricultor de impaciente. Seguro has venido trabajando tu cambio desde hace algún rato, es el deseo natural de lograr más, de querer buscar lo que se quiere, porque pensar en abundancia es ir con la ley de Dios, la ley de la naturaleza, rica en abundancia, la ley del crecimiento.

Así que has venido desarrollando tus raíces del crecimiento, sólo faltará un poco más de tiempo para ser consciente de lo que verdaderamente deseas y al conocerte y aceptarte lograrás claridad en lo que quieras obtener o alcanzar. Cuando hablamos de conocernos nos estamos refiriendo no sólo a llevar a la mesa lo material que deseamos o lo que tenemos. Conocerse es reconocer lo que queremos, los recursos que tenemos, los rasgos de nuestra personalidad, las habilidades que hemos desarrollado y aquellas que nos gustaría desarrollar en ciertos aspectos y mucho más.

La comunicación es uno de ellos. La comunicación como simple proceso que manejamos como seres comunicantes la aprendemos desde que somos bebé, pero si nos detenemos a considerar la comunicación como un acto de conocernos mejor y como la mejor habilidad que podemos trabajar para mejores resultados desde lo personal, familiar y profesional, haríamos mayor esfuerzo en buscar su desarrollo y comprensión.

Está demás decir que también conocerse involucra otros puntos simples y otros tantos complejos. Uno complejo se pudiese relacionar con saber el *estilo de aprendizaje*, identificar si somos personas que nos dirigimos más a la acción o aprendemos por reflexión, denota mayor ventaja. Otros están relacionados a un estilo teórico, quienes aprenden al estar enfocados bajo conceptos y teorías, al saber que autor lo está diciendo, por último se encuentran los pragmáticos, quienes no solamente les interesa el conocimiento sino que deben irse a la práctica. ¿Conoces tu estilo de aprendizaje?

Asimismo, reconocer la *representación sensorial predominante* que tenemos es uno de esos aspectos que nos Llevan a conocernos y ofrece mejores resultados al momento de aprender ¿sabes cuál es tu representación sensorial predominante? Es decir, identificar sí somos más visuales que auditivos. De hecho, te será más cómodo conocer si al escuchar un audiolibro se te da mejor que leerlo según tu representación predominante. ¡Imagina cuanto tiempo nos podemos ahorrar si conocemos cómo aprendemos mejor y la ayuda que tendríamos al reconocer esto en los demás, por ejemplo en los niños!

Conocer, por ejemplo, el tipo de lectura que nos atrae, saber qué influencia o relación tiene el cómo venimos al mundo, si por parto natural o si nos adelantamos, porque marca de alguna manera nuestra personalidad hasta en la forma de accionar. Es importante reflexionar y buscar también temas contemporáneos que nos darían una mejor textura de quienes somos, en tales caso nos llevaría a entender ¿de qué forma actuamos?, ¿cómo aprendemos mejor?, ¿con qué nos emocionamos?…

Estos temas se ampliarán a continuación para un mejor aprovechamiento, lo que también pudieses considerar ampliar con libros más dedicados a estos contenidos.

La comunicación

Como he comentado la comunicación resulta ser una de esas habilidades que podrás desarrollar y entender que mejor beneficio te traerán al desarrollarla de manera óptima. Conocerse a sí mismo, involucra a su vez reconocer si nos comunicamos bien o mal, si somos responsables de lo que decimos y obtenemos.

En todo proceso de comunicación intervienen varios elementos, conocidos por muchos como: el emisor, canal, mensaje, receptor, ruido, retroalimentación. Para dar a conocer el primer aprendizaje que se debe entender en el proceso de la comunicación es necesario detallar los elementos para aprender cuál de éstos es el mayor responsable de que el proceso se cumpla con efectividad. Entre ellos ¡y escúchese bien para que jamás se puede olvidar!, el emisor, que viene siendo la persona que emite el mensaje, es el responsable de la comprensión del mensaje, del proceso de comunicación y del resultado que se obtiene de lo que se comunica.

Para quienes manejan el sentido estricto de lo que es el proceso de comunicación les será un poco infantil lo dicho, pero permíteme adelantarme en decir que algo tan sencillo, simplemente no se cumple, no actuamos como responsables al emitir alguna información. Las personas se excusan cuando no se comprende algo: ¡Jaimito trajo lo que no era!, ¡la asistente anotó mal!, ¡eso no fue lo que pedí!, ¡hablamos diferentes idiomas!...

La falta de comprensión en el mensaje de presentarse y el resultado del proceso, tiene mayor responsabilidad en el emisor ¿por qué? Definitivamente porque desconocemos cómo comunicarnos de manera más efectiva. Un autor que expone un tema muy provechoso sobre la comunicación es Anthony Robbins (2011) en su apartado *La precisión de la palabra*. Allí narra ciertas técnicas y ofrece valiosos conocimientos para comunicarnos mejor.

"En un estudio sobre los triunfadores, John Grinder y Richard Badler descubrieron muchos atributos comunes. Uno de los más importantes era la facultad de comunicarse con precisión".
(Robbins, 2011, p.259)

Entre algunos de ellos refiere que la comunicación está en el poder de ser precisos. Vemos como las personas exitosas tienen la facultad de *saber comunicarse con precisión*. Comprender el poder que tienen las palabras al comunicarnos es no olvidar el fin último que tiene, en sí, la comunicación, como la persuasión, motivación, control, información, etc. Al ser precisos estaremos ofreciendo un mensaje más claro y de mayor comprensión. El autor expone un ejemplo muy acertado, que me ha gustado tanto que lo he utilizado en varias ocasiones en las charlas de comunicación. En sus cursos siempre refiere, como ejemplo "necesitamos un poco de dinero", a lo que él le entrega pocas monedas de valor. Si la persona que pueda estar comunicando esto, recibe un centavo, ¿el emisor siendo el responsable del mensaje logró su cometido?, ¿obtuvo el resultado? Evidentemente que no. Comunicar algo y ser precisos al comunicarlo no es lo mismo. Por eso entender que la responsabilidad recae en el emisor sea una persona, un comunicado, una noticia, un padre o una organización, es un gran avance en la comunicación.

Si queremos obtener el resultado más acertado debemos aprovechar las palabras y ser claros cuando comunicamos algo, de esta manera el mensaje puede ser comprendido con mayor exactitud. Como refiere Robbins (2011, p.261) en sus cincos claves de pedir con inteligencia y precisión; "1. *Pida concretamente*. Debe describir lo que quiere, tanto a sí mismo como a un interlocutor. ¿Qué altura, qué distancia, qué tanto?, ¿Cuándo, dónde, cómo, con quién?". Lo mismo ocurre en nuestro día a día al no ser preciso «y nos pasan el bolígrafo azul en vez del negro, la persona te visita cuando vas de salida porque sólo refirió que pasaría en la tarde. Cómico podría resultar pero cuando vemos el potencial y también lo que puede ocasionar la comprensión y la precisión en las palabras, le vemos la seriedad y el respeto que esto amerita».

Los que conocen el mundo de la aeronáutica comprenden sin mucha explicación que unas cuantas palabras «y su comprensión», puede marcar la diferencia entre la vida y la muerte. (Robbins, 2004).

> En 1990, pilotos colombianos de Avianca, después de varias desviaciones por mal tiempo, le dijeron a los controladores del aeropuerto de Kennedy de Nueva York que su boing 707 'se estaba quedando sin combustible'. Los controladores escuchan esas palabras todo el tiempo, así que no les prestan atención. Por su parte, los pilotos sabían que tenían un problema grave, pero no supieron usar la expresión clave: 'emergencia de combustible' (...). (Robbins, 2004, p.282).

Como resultado murieron 73 personas, las personas no lograron entenderse y no se comprendió lo que realmente se quería comunicar. Definitivamente, el entorno de la aeronáutica ha utilizado esta herramienta de la comunicación para mayor efectividad, atendiendo a un lenguaje con mayor precisión. Desde un solo idioma, hasta claves y conocimientos globalizados.

Se ha hablado del responsable de la comunicación, lo que refiere la comprensión o no del mensaje, la importancia y el poder de la precisión de las palabras, y la diferencia entre el respeto de sabernos comunicar para un mejor resultado. Ahora bien, otro punto que manejar dentro de la comunicación está referido a las *generalizaciones* puesto que es uno de los resultados del lenguaje que por cultura tenemos en nuestra forma de hablar. Las generalizaciones las señala Robbins (2011) como uno de esos procedimientos que sabotea la comunicación.

Evitar generalizar y llegar a la concreción de lo que queremos, resultada de mayor efectividad al comunicarnos. Cuando se nos presentan situaciones donde prevalece las generalizaciones es mejor llevar el diálogo a la exactitud de lo que se quiere decir. ¡Todos en el trabajo siempre me tratan mal!, en este caso se debe preguntar ¿Quiénes te tratan mal?, ¿siempre te tratan mal? ¡bueno, la recepcionista del piso tres y su amiga, y no siempre, la semana pasada". Entonces de una organización de muchas personas se llegó a solo dos y que no siempre la tratan mal. Este es un ejemplo entre algunas de las generalizaciones con las que a menudo hablamos. En cuanto a esto, Robbins (2011) señala que las preguntas se deben dirigir a un entendimiento más específico: ¿Quién?, ¿Cómo?, ¿siempre?, ¿comparado con qué?, ¿Todos?, etc.

Lo que se quiere buscar en el arte de comunicarnos bien, para lograr nuestros propósitos comunicacionales, es saber preguntar, atender las generalizaciones y lograr dar la información con mayor precisión posible. Éstos, entre muchos de los puntos que podemos desarrollar para mejorar la comunicación; como también se pudiesen mencionar superficialmente, la flexibilidad que sucede muchas veces cuando el emisor busca la manera de entrar en el mundo del interlocutor.

> "No olvide que la barrera más insalvable es la creencia de que los demás tienen el mismo mapa que nosotros, es decir, que ellos ven el mundo de la misma manera que nosotros. Los comunicadores sobresalientes rara vez caen en ese error. Saben que deben modificar su manera de expresarse, su tono, sus patrones respiratorios, sus gestos, hasta descubrir la vía de aproximación que le permitirá alcanzar sus objetivos". (Robbins, 2011, p.293)

Para Robbins (2011, p.293), esta *flexibilidad* que se debe tener al comunicarnos ayuda en las relaciones, también a alcanzar nuestros objetivos y a focalizarnos hacia lo que queremos.

Desde la perspectiva de conocerse a sí mismo, desarrollar esta habilidad permitirá otros estados comunicacionales en una comunicación interna efectiva, más específicamente cuando se aprende a ser más específico en lo que se quiere o cuando se esté solicitando algo.

Otro punto es la *comunicación no verbal* aquella que dice más que las palabras. Lo que refleja nuestro cuerpo, lo que anuncia el tono de voz, el uso del silencio, la mirada. Muchas connotaciones obtenidas desde la programación neurolingüística que lleva a un conocimiento por encima de lo que no se dice. Anunciar nuestro estado de alegría, pero en voz baja y con la espalda encorvada, da un mensaje muy diferente, por ello se habla también de la coherencia que debe existir entre lo que decimos y como lo hacemos. «Lo más valioso de este tema es que se puede aprender. Se puede aprender a controlar desde nuestra voz hasta la postura al comunicar algo para obtener mejores resultados, y evitar así la incoherencia entre lo que se observa y lo que se dice".

También, existe entre otros aspectos relevantes al hablar de comunicación *el estilo de la comunicación* que usamos, no hablo de dirección, ni tipo: si es horizontal o vertical, si es interpersonal o intrapersonal, lingüística o no; me refiero al estilo de *Comunicación Asertiva*. Brindar una comunicación asertiva es desprenderse de las emociones y buscar por encima de todo la comodidad entre las partes, rebosa lo positivo en este estilo de comunicación debido a que asertivo es sinónimo de afirmativo, así que lo que se plantea estará enfocado a lo positivo y no a lo negativo.

Con este estilo de comunicación ambas partes en el proceso de comunicación se sienten respetadas porque se valoran las opiniones, hay seguridad para expresar críticas ya que serán tomadas en buena medida, existe honestidad y un principio de buscar soluciones y llegar a acuerdos.

Es por ello que por encima de otros estilos como el agresivo o el pasivo, la *comunicación asertiva* es la que mejor responde para lograr el propósito comunicacional que tengamos, sin culminar en malas relaciones, cierres de contratos o desacuerdos inmanejables.

Se ha estudiado los puntos fuertes en el proceso de la comunicación como la ventaja de la retroalimentación, la responsabilidad del emisor y hasta el estilo adecuado para hacer llegar el mensaje. Sin embargo, en estos últimos tiempos, desde las corporaciones hasta en los trabajos sociales y familiares, se pudiese decir que el estilo de comunicación asertiva ha sido el más sobresaliente, por ser aquel que brinda la mejor manera de expresar lo que se tiene que decir y a su vez permitir ser escuchado.

Por último, en cuanto al tema de comunicación se refiere, se pudiese mencionar que *la comunicación es la base de las relaciones* entre nosotros y otros, por ello amerita un cuidado intenso y un buen desarrollo. Manejar la habilidad de saber comunicarse y comprender lo que favorece los conocimientos en comunicación, puede estar ganando la batalla antes de llegar al campo, sobre todo en el ámbito del crecimiento personal, ya que no será por falta de aprendizaje por no saber relacionarse o comunicar algo. ¡Aprenda las habilidades comunicacionales que te pueden hacer mover desde ser simples comunicadores a ser excelentes comunicadores con mejores resultados! «¡Comunicar algo es diferente a observar que la otra persona ya lo está haciendo!»

En otro sentido, conocer en qué somos buenos, qué se nos da de la mejor manera, sin esfuerzo: nos lleva con mayor claridad a lo que posiblemente nos guste hacer y podemos hacer. Sin embargo, conocer en lo que necesitamos trabajar como, por ejemplo, *saber comunicarnos* nos acercará aún más al éxito y a nuestra realización. Es descubrir lo que tenemos y aceptar lo que nos falta por desarrollar.

El coaching como fiel herramienta del crecimiento, te sitúa dónde estás y con lo que cuentas para seguir adelante, y en todo caso si se presenta algo en el camino que desconoces o te afecta, se debe buscar la manera de desarrollarlo o trabajarlo con la ayuda correspondiente, sin detener tu emprendimiento o crecimiento.

Estilos de aprendizaje

David Kolb, es un teórico, escritor y educador del aprendizaje experiencial y cambio individual y social, quien definió los estilos de aprendizaje en los cuales se trabaja que la persona puede ser teórico, reflexivo, pragmático o activo.

Se ha de mencionar esto debido al beneficio que conlleva comprender nuestro estilo de aprendizaje y en el que podemos obtener la mejor manera de cómo aprendemos.

También, el autor refiere que la persona cumple con dos estilos predominantes. Si bien algunos autores han manifestado que las personas tienen inclinaciones más por unos que por otros, las vivencias pueden cambiar el estilo de aprendizaje, es decir, las personas pueden manejar otros estilos de aprendizaje de acuerdo a lo que se esté haciendo. Asimismo, manifiesta que para mayor aprendizaje se debe pasar por el ciclo, es decir: actuar, reflexionar, pensar y decidir.

Para mayor información concerniente a este tema te recomiendo las informaciones online, de hecho existen test vía internet que puedes considerar para conocer en cuales de los estilos te ubicas mayormente. Yo he utilizado el cuestionario de Honey y Alonso extraído del siguiente enlace   http://www.estilosdeaprendizaje.es/chaea/chaea. htm que comprende 80 preguntas para identificar los promedios de cada estilo, estos autores son conocidos por sus investigaciones en los estilos de aprendizaje.

¡Te invito a conocer cuál es tu estilo de aprendizaje! Identifica cuáles son los dos estilos más predominantes que tienes.

Además de reconocer cuál es tu estilo de aprendizaje la importancia permanece en absorber la información acerca de que estamos orientados por alguno de ellos y que se hará más viable trabajar desde el modo al que mejor respondemos.

En lo personal, mi estilo es más teórico-pragmático, debo considerar la teoría, como por ejemplo, cuáles temas o autores están involucrados, que otros estudios se tienen, etc., como también experimentar, ir a la acción, poner en práctica o desarrollar lo aprendido. Cada persona estará orientada por dos estilos más que otros, por tal razón ampliar este tema te será de provecho para conocer tus potencialidades. Identificar si eres más orientado a la reflexión que a la acción, o si intervienes mejor en la acción que en la búsqueda de conceptos, te permitirá por tanto ser más efectivo en lo que quieras desempeñar y aprender.

> La efectividad en el aprendizaje la entendemos como la capacidad de traducir lo adquirido en acciones concretas y consistentes en el tiempo que le permitan a la persona alcanzar los objetivos y las metas que se ha propuesto. En este sentido, el coaching tiene la gran ventaja de adaptarse a las verdaderas necesidades del cliente así como estructurar toda la estrategia de intervención según el estilo de aprendizaje que lo caracterice." (Hoffman, 2007, p.51).

La efectividad en el estilo de aprendizaje se interpreta bajo los resultados más productivos y eficientes que se tengan como lo anuncia el autor, es obtener el resultado de acuerdo a lo aprendido. De igual manera, aceptar que el conocimiento en cuanto a nuestro estilo de aprendizaje será uno de los grandes beneficios que se pueden adquirir en nuestro autodescubrimiento. De hecho, en un proceso de coaching el coach debe conocer el estilo de aprendizaje del cliente para una mejor orientación en la acción. La persona en su etapa de cambio lo más que necesita es aprender y será de mayor productividad saber cómo aprende mejor.

Ahora, has de reconocer que saber cómo aprendes ayuda en tu cambio personal, resulta en un mayor crecimiento porque pones en práctica el estilo condicionado a tener mejores resultados, más aún con la ayuda de un coach, con quien puedes aprender bajo el ciclo de Kolb, donde irremediablemente estarás abordando situaciones desde los distintos puntos. Desde la reflexión a lo teórico como de la acción a lo pragmático, porque eso es lo que representa en sí un proceso de coaching: un camino desde la toma de conciencia en la que se debe reflexionar, pensar, decidir y actuar.

CAPÍTULO 4

La pequeña Doña Perfecta

A una hermosa niña la llamaban Doña Perfecta. Ella se sentía orgullosa y hacía honor a su sobrenombre, pues le encantaba hacer todo perfecto. Sus calificaciones eran excelentes, y siempre se esforzaba más y más, ¡aunque corrijo! para ella jamás era un esfuerzo, menos sabiendo que podía hacerlo aún mejor. Siempre estuvo en el cuadro de honor de la escuela, todos los años recibía medallas y diplomas por sus excelentes calificaciones. Se molestaba si la ayudaban, tenía siempre presente, que quién mejor que ella para hacer sus tareas, aunque podía vislumbrar que sinceramente otros podían hacerlo mejor consideraba que era su trabajo y responsabilidad y se comprometía a hacerlo lo mejor que podía. Era extremadamente feliz con su búsqueda de excelencia, nada la intimidaba, tenía una asombrosa confianza en ella misma, y mientras mayor era la exigencia mayor era su motivación. Era muy amigable y como buena amiga, tenía grandes personas a su lado; su tono de liderazgo influía en todo, ¡claro! sus amigas también querían opinar, sobre todo en cuestiones de los bailes, todos los días practicaban en el patio del colegio a la hora del recreo, y bailaban alegremente y hacían coreografías. La pequeña Doña Perfecta, le gustaba ir en el medio y sus amigas de cada lado, igualmente en las exposiciones y en todo lo que se presentase; ajustaba hasta el espacio que era perfecto para ella. Era una niña inteligente, segura de sí misma, con *infinitas ganas de comerse al mundo; buscaba la manera de hacer sus cosas del colegio lo antes posible, porque la planificación de su tiempo era vital para su comodidad, por ejemplo no le gustaba hacer tareas los domingo, ¡en lo absoluto!, no le gustaba, pensaba que era un día de sólo descanso y juego. Por lo que siempre valoró la planificación y el tiempo. Es entonces, como la pequeña Doña Perfecta reunía ciertas características, como cualquier otro niño, de seguridad, confianza, perseverancia, búsqueda de la excelencia... Sin embargo a medida que fue creciendo y asomar estas características en donde se iba desenvolviendo, le trajo ciertas desavenencias. En los trabajos, por ejemplo, su sentido de responsabilidad y planificación eran prioridad, cuestión que a muchos desagradaba, no todos podían ser como ella, y por el contrario no les gustaba esa manera tan rígida de hacer las cosas. En la Universidad, fue otro choque de hábitos, porque los trabajos en grupo, le costaba por sus demás obligaciones. Al tener otras responsabilidades no podía hacer las cosas como ella realmente quería, pero se las arreglaba para cumplir con las asignaciones así no estuvieran completamente buenas. Doña Perfecta, fue rebajando sus exigencias con ella misma, aunque reconocía que le costaba ser flexible, más bien se fue adaptando y siempre dando lo mejor que podía, independientemente de las circunstancias. Jamás dejó de considerar que esas cualidades debían extinguirse, más bien debía reconocerlas y tenerlas en los momentos que así lo demandase. La pequeña Doña Perfecta, consideraba la perfección parte de su esencia y aún lo continúa haciendo, jamás se vio influenciada por los juicios de los demás, acerca de que nadie podía ser o hacer algo perfecto, sólo que muchas de esas vivencias y momentos fueron agrietando su confianza.*

"En nuestra búsqueda descubrimos que todo el universo es perfecto, excepto los seres humanos. El sol es perfecto, las estrellas son perfectas, los planetas son perfectos, pero cuando llega el turno de los seres humanos, «Nadie es perfecto». La verdad es que todo en la creación es perfecto, incluso los seres humanos".
(Ruiz y Ruiz, 2010, p.78).

Nos cuesta considerar la perfección, al menos así me lo han hecho saber. Por lo que, seguramente leyendo el cuento de La pequeña Doña Perfecta, podrán haber resentido de lo que podía considerar esta niña acerca de la perfección, tal vez como algo no tan bueno, en relación a esa búsqueda de lo perfecto. Como refieren los autores, consideramos todo perfecto menos a nosotros mismos.

> *"Una de las mentiras más grandes que oímos en la actualidad es: «Nadie es perfecto». Es una excusa excelente para nuestro comportamiento, (...) cada ser humano en este mundo es perfecto, pero hemos oído esa mentira desde que éramos niños, y como consecuencia, continuamos juzgándonos a nosotros mismos comparándonos con una imagen de la perfección".*
> (Ruiz et al., 2010, p.77).

Hace poco escuchaba a una persona que me decía: no es buscar lo perfecto sino ser perfectible. Con respecto a esto me atrevo a no contradecirlo, debido a que cada persona indagará en su sistema de creencias y basará su argumento en lo posiblemente verdadero que ha de considerar. Cada persona comprenderá la perfección a su manera, y de acuerdo a su mapa mental que contiene un sinfín de significados propios, será cuesta arriba cambiar la interpretación de la perfección. Ahora bien, la esencia de este apartado es trasladarte a través de esas cualidades de la pequeña y poder recordarte aquellas que también estuvieron en ti en algún momento. Para la pequeña Doña Perfecta su sentido de perfección y la confianza en ella misma, eran aspectos muy reconocibles.

Aunque la pequeña salió airosa en cuanto a su punto de inflexión de la perfección, seguramente no todo el tiempo fue así. Habrá peleado por mantener su confianza y su criterio de hacer algo perfecto, no obstante ha de considerarse que las personas que tenía a su alrededor, olvidaron y no entendieron que era perfecto según su criterio.

Lo importante es que La pequeña Doña Perfecta, no le afectaba en su momento, porque no buscaba exigírselo a los demás ni esperar eso en los demás, la pequeña conocía su límite, sin embargo algo de los demás si fue permeando en ella y es que se fue sembrando la duda sobre su confianza.

> *"La autoconfianza es el primer secreto para el éxito"*
> Ralph Waldo Emerson

Se puede tener fe en Dios, poner manos a la obra, visualizar los resultados, trabajar por lograr un objetivo, buscar quién te oriente en cuanto a una meta: pero si no se tiene confianza en uno mismo, el esfuerzo no valdrá la pena. La confianza es un eslabón fundamental en la escalera del éxito, que hay que buscar, desarrollar y valorar.

¿Qué es la confianza en uno mismo?

Lo primero es que acordemos ¿Qué es la confianza en uno mismo? Entre las acepciones del Diccionario de la Real Academia Española, se expresa que es la "seguridad que alguien tiene en sí mismo".

Ahora le agregamos la palabra "seguridad" en sí mismo. Para entender esto de manera más efectiva, me permitiré citar a Lindenfield (1992, p.17), utilizando su texto dirigido al género femenino, pero que muy bien se pudiese extrapolar al género masculino:

¿Cómo reconocer a una mujer segura?

Una mujer segura se comporta de la siguiente manera:

> Se ama a sí misma — y no le importa que se sepa.
> Se comprende a sí misma — y sigue queriendo conocerse más, a medida que vaya creciendo y desarrollándose.
> Sabe lo que quiere — y no teme plantearse nuevas metas.

Piensa de manera positiva — y los problemas no la desbordan.
Se comporta hábilmente — y sabe cuál es la conducta apropiada en cada situación. (Lindenfield, 1992, p.17)

¡No es sólo eso! la mujer segura "es capaz de manifestar, en todo momento su opinión", "no necesita rebajar a otros para sentirse poderosa", "está llena de vitalidad porque para ella su energía es algo muy valioso que usa cuidadosa y selectivamente", "da sensación de optimismo porque enfrenta los problemas en forma creativa en lugar de estar quejándose durante horas". (Lindenfield, 1992, p.18).

Aquí me detengo para llenarte de inspiración y así puedas tomar como ejemplo "la queja" para percatar posiblemente algo en ti. ¡No todo fue color de rosa! Uno de mis hábitos a los que tuve que enfrentarme despiadadamente, fue al hábito de quejarme. En todo momento lo hacía. Fue impresionante cuando me hice consciente de esto, hasta llegué a preguntarme ¿cómo voy a ser feliz o estar tranquila si todo lo que hablo es de quejas? Todo tendía a la negatividad. Evidentemente, el ciclo aún no lo conocía, jamás había manejado mis pensamientos para transformarlos en acciones positivas. Lo que resultaba entonces que, todo lo que expresaba influía en mis acciones y todo de cierto modo provenía de la confianza que faltaba en mí.

Todo en mi mente era negativo, llena de quejas, así hablaba. Por eso, no es de gusto aceptar ahora que las personas exitosas se conocen así mismo primero, aprenden a manejar su mente subconsciente y trabajan su vida con pensamientos positivos, para que estos solitos comiencen a obrar. Las personas felices tienen confianza en sí mismo, manejan sus pensamientos de una forma positiva para que nada los detenga.

Ahora bien, puedo escuchar decir ¿Es que soy así? ¿Es lo normal? y realmente ¿Sabes qué precio pagas por vivir con quejas?:

Todo te molesta, nada te resulta agradable.
No hay nada bueno en algo o en alguien.
Siempre estarás insatisfecha.
Si es por trabajo: trabajas por trabajar.
Si es por la familia: piensas que no hay remedio
pues tú no la escogiste.
Si es por tu compañero: piensas que al menos
tienes a alguien.
Si es por el país: piensas en irte pero no
haces mucho. Piensas que otros están peores.
(Lindenfield, 1992, p.20).

¡Que triste! Sólo esa palabra resume esto, tristeza; observar desde afuera que mientras nos quejamos perdemos lo más valioso que tenemos, el tiempo. ¡Recuerda que este capital ni se da ni se compra. Tanto tú como yo, como alguien famoso, o cualquier persona rica, pobre, saludable o no, viejo, joven, cualquier persona dispone del mismo tiempo y éste no se le puede comprar a nadie!

No sólo perdemos el valioso tiempo sino que saboteamos lo generosa que puede ser la vida de entregarnos cada día algo hermoso. Cómo aprender a vivir algo hermoso, si tenemos en nuestra mente quejas, quejas, quejas, quejas y más quejas. Lo grandioso es darnos cuenta y optimizar nuestra mente a nuestro favor, sugestionando pensamientos positivos en vez de palabras y frases negativas, tener confianza en nosotros mismos para decidir nuestro propio camino y los resultados que merecemos.

Parte de la felicidad no está sólo en picos que uno encuentra al lograr algo, también debe estar presente en nuestro día a día. Escucharnos decir:

Me amo
Me acepto
Estoy seguro de mí mismo. (Hay, 2007).

Enviarnos estos mensajes al subconsciente nos hacen sentir mejor, porque el subconsciente no distingue lo bueno de lo malo, si es para ti mismo o para otras personas, sólo acepta las palabras que le envías. De allí que la vida es un bumerán y se debe tener cuidado con lo que pensamos y decimos. El subconsciente, conocido también como el inconsciente, sólo va a procesar la información y la mantendrá allí como hábito, hasta que decidas romperlo.

Digo esto porque fue el trabajo que hermosamente comencé a realizar para mí. Pasar de las quejas al amarme y aceptarme, tener confianza en mí fue la forma de devolverme ese amor propio, aceptando sólo pensamientos positivos que no sólo armonizan las mañanas sino que hacen que accione de acuerdo a ellos, trabajan a favor de mi confianza, algo que la pequeña doña perfecta había perdido, transformándome en una persona que cree en sí misma y que pueda lograr todo lo que se propone.

Por el contrario, mantener esos malos hábitos es pagarlo con un alto precio. La pregunta que se debe responder entonces es:

¿Qué precio pagamos por la falta de confianza?, entre ellos, menciona el autor:

> Aisladas y solas
> Confundidas y torpes
> Asustadas y débiles
> Tensas y físicamente enfermas.
> Temerosas ante las personas seguras.
> Inútiles e insignificantes.
> Perseguidas y perseguidoras.
> Pesimistas; creamos que nada vale la pena.
> Depresivas y apáticas.
> Incomprendidas.
> Decaídas, porque sentimos que la vida se nos va.
> Resentidas y amargadas. (Lindenfield, 1992, p.19)

Ahora bien, si no se quiere pagar este precio ¿qué podríamos hacer? El viaje al interior es esencial, así como lo hizo la pequeña Doña Perfecta, al reconocer una cualidad, como la confianza, que se había venido agrietando al pasar de los años. Recuperar nuestra confianza es un trabajo mental, emocional y hasta físico, por eso menciono más adelante hasta la actividad física, porque no se necesita muchas horas ni todos los días, para hacer un poco de ejercicio y recuperar esas energías que recaen en la autoconfianza. A su vez el poder reconocer esas habilidades que tenemos, que forman nuestra personalidad, como lo hizo la pequeña, algo que nos conduce en ir recibiendo aquello que dejamos olvidado. Doña perfecta reconocía el liderazgo, la seguridad, la toma de decisiones, la planificación del tiempo, el compromiso y la responsabilidad... por lo que te tocará indagar sobre aquellas habilidades que estuvieron presentes y que hemos desarollado desde pequeños. Considerar ahora que se puede trabajar con mayor convicción, más después de saber cuáles se han venido agrietando en el tiempo para que nos limiten a lograr nuestros sueños.

La seguridad como encargado de la confianza se debe ir trabajando. Hay muchos ejercicios, como los que plantea Lindenfield (1992), en su texto. Sin embargo, yo apuesto por iniciar esa búsqueda dentro de ti. Pensar ¿qué cosas te hacen sentir segura o seguro? En mi caso particular, yo siento que el conocimiento forma parte de mi seguridad, es un factor indiscutible para mí, y como mujer siento que el cómo me vea por dentro será por fuera, porque es algo que está más allá de lo físico, por lo que me preocupo por lo que sienta.

Un ejercicio para evaluar cómo estás por dentro es mirarte al espejo, y considerar esos pensamientos que te vienen a la cabeza. Si te sientes incomoda por un momento, debes asumir que así estás por dentro. Comienza por decirte cosas lindas frente al espejo, reconocer lo maravilloso que hay en ti, para que vayas generando pensamientos que hagan florecer tu confianza, es decir, vayas promoviendo esa seguridad en ti. Aunque estemos alimentando un poquito el ego es un ejercicio grandioso: Mírate todos los días al espejo y menciona frases hermosas de las que nadie jamás te ha podido decir.

Eres un Ser perfecto con muchas cualidades que sabrás reconocerlas, aceptarlas y aprovecharlas en cada momento, Dios nos ha regalado la vida y la sabiduría, así que no juguemos al que no sabemos, no estemos del lado de los que no saben ni siquiera vivir o aprovechar lo que se tiene. Disfruta de ser como eres porque esto generará aún más confianza en ti mismo.

> *"Como es nuestra confianza, es nuestra capacidad".*
> William Hazlitt

El cambio personal se genera desde el mismo momento en que decidimos tener confianza en uno mismo y en que lo podemos lograr. No hay secreto para alcanzar lo que tú quieres de ti mismo, sólo debe haber seguridad en ti, compromiso y perseverancia. La capacidad del cambio dependerá de la confianza que tengas sobre ese cambio.

Hay que reconocer que la confianza no llegará por sí sola, se deben crear hábitos que favorezcan a un crecimiento integral, y hacer el trabajo correspondiente para generar lo mejor que podamos de nosotros mismos. El ejercicio tanto físico como mental, las afirmaciones, manejar la manera de pensar, forman parte del trabajo que se necesita para ello. Puedes incluso pensar en cursos u otras actividades de aprendizaje que intervengan en la confianza o demás aspectos que requieras tratar, y así darle más atención a tu posesión más valiosa: tú.

De hecho considero admirable cuando las personas designan parte de sus ingresos como inversión para un trabajo personal, un trabajo que ofrecerá resultados de por vida, que más que cuantificable en dinero es un resultado de visión y potenciación de habilidades. La autora y coach Miedaner (2002) considera que deben asignarse o invertir entre el 5 y 10% de los ingresos en la formación personal. ¡Así que te felicito por tu valioso interés en crecer, por tu hermoso sentido de crecimiento al leer este libro!.

Compromiso con uno mismo

En ciertas páginas habrás leído una y otra vez sobre el compromiso, y así es, porque siento que es uno de los aspectos que refuerzan cualquier logro. No hay manera de enfrentarnos a hacer algo sino emerge sobre del compromiso que tengamos. Asistirás a talleres, leerás muchos libros de crecimiento personal, conocerás acerca del coaching, no obstante, mientras ese sentimiento de querer hacerlo por ti y comprometerte en hacerlo no surge, no habrá ninguna otra manera de lograrlo. Tu compromiso es más importante que toda la lectura que vayas hacer.

El compromiso es contigo, con lo que deseas lograr y cambiar, es complacer tus más anhelados deseos, representa incluso hasta el amor que te tienes, aquel compromiso que le pones a algo cuando lo deseas con todas tus fuerzas. ¡Cuando comenzamos a ir tras nuestros sueños con el mayor compromiso de hacerlos realidad, todo se da como parte del juego de la vida y allí nos percatamos que estamos viviendo!.

¿Cuáles son tus herramientas esenciales?

Así como el compromiso existen herramientas que pueden aligerar el camino y trabajar por tu cambio. Recuerdo muchísimo cuando una hermosa y gran amiga me comentó lo siguiente:

> *"Lo estás haciendo bien. De hecho tienes todo para lograr lo que quieres, y estás trabajando por lo que quieres, sólo te falta algo: disfrutar el camino"*
> Themis Navarro (2013)

A partir de allí comencé a disfrutar del camino que me había trazado. Para mí no fue fácil ser consciente que aún trabajando por lo que quería no disfrutaba lo que estaba haciendo. Me dominaba la obligación y no el amor por lo que realizaba. Parte de esto, da forma a lo que yo he llamado herramientas esenciales. No son exactas, cada persona indagará sobre las propias, luego de explicarle con mayor detalle y ejemplos propios a qué me estoy refiriendo.

Aprender a disfrutar el camino era comprender que lo que hacía me apasionaba y me daba fortaleza para continuar. Estaba haciendo mi tesis de grado, aprendiendo coaching, trabajando por una independencia laboral y a su vez atendiendo todas las cosas para mi cambio y crecimiento personal. En eso estaba enfocada; el camino estaba trazado, sólo que no lo estaba disfrutando como se debía. Entonces fue muy certero el mensaje de mi amiga. Sólo faltaba ver la esencia de lo que estaba haciendo y todo se resumía en amor a lo que hacía.

Allí comprendí que una herramienta esencial para lograr lo que quiero era disfrutar del camino. A veces no es alcanzar la cima, sino el sendero que te lleva a ella.

La *lectura*, fue otra herramienta esencial que ha formado parte de mi cambio. No fue cuestión de intelectualidad sino que parte de mi autoconocimiento me llevó a ella. Anteriormente compraba un libro por moda o autor, ahora espero que la lectura me llegue. Así fue como comenzó mi mayor interés por la lectura. Tampoco es algo de ser erudito o filósofo, tan sólo considero que siempre hay algo que aprender y para mí la lectura es fundamental, es un hábito de éxito.

La lectura involucraba a toda clase de libros, estaban relacionados al ámbito financiero y coaching, eran muchos textos, los ubicaba por tema. Considero que siempre están presentes los de mi profesión: Comunicación, así los haya leído, siempre hay algo que recordar y releer, coaching, cambio y crecimiento personal.

Por otro lado, están los que me regalan o recomiendan. «Confieso, que me gustan que me recomienden o me regalen libros, porque han de traer un mensaje especial» así que cuando reciban un libro, reciban igualmente ese mensaje especial que les está llegando. Los libros son una formación subjetiva, muy personal y llegan al realismo de tus emociones y gustos, porque puedes leer un libro, aceptar su contenido y brindarlo a quien lo necesite, ser escéptico de lo que se expone o disfrutarlo y ponerlo en práctica.

Es subjetivo porque sólo depende de ti y de tu escogencia de la lectura, así que es una rica herramienta donde sólo tú tienes el poder de disfrutar y aprovecharlo como mensaje y aprendizaje, por eso escoge muy bien lo que leas, porque allí también estará representado lo que quieres y los resultados que buscas.

> *"No aprender ni evolucionar es una especie de muerte. Todo lo que está vivo crece. Hoy en día, cuando casi todos tenemos la posibilidad de acceder con facilidad al poder de la información por medio de internet, no necesitas saberlo todo. Sólo debes saber cómo encontrarlo".*
> (Miedaner, 2002, p.293)

Escoge lo que deseas aprender pero también de acuerdo a lo que quieras lograr. En lo personal es un acto único, muy íntimo, que se tiene al momento de leer, al menos así lo percibo. Es personal porque no sólo escoges un libro, también decides lo que deseas leer, es muy personal los gustos en la lectura. También es porque no hay más nada que un libro para llevarte a una realidad de lo que te gusta, donde se puede percibir la emocionalidad que te genera.

El amor es una emocionalidad que me ha llevado a escoger ciertos textos, que ahora muchas veces recomiendo porque conozco el mensaje que con seguridad también les ofrecerá a otros. Por otro lado, se debe aceptar que las personas tienen distintos tipos de aprendizaje y su representación sensorial es diferente, por lo que hay que estar claro que muchas personas disfrutan más los audios o videos; en este caso lo ideal sería encontrar, en estos formatos, los temas y lecturas que correspondan con ese deseo.

Así como la lectura la *búsqueda de significados* ha sido otra de las herramientas esenciales. Siento que no estoy a gusto si no entiendo completamente algo. Así que cuando no se está en internet, un libro que no falta en mi mesa es un diccionario o una libreta para anotar. No sigo la lectura si hay algo que no de ritmo a la comprensión. Por eso es que considero que la búsqueda de significados por simple que parezca, representa un valioso complemento para toda persona. Porque una manera gratificante para mi día a día es aprender algo nuevo, una palabra, un concepto, un tema, por ejemplo. Por eso la búsqueda de significados también es una herramienta esencial que disfruto; por lo mismo, si algo desconocen de este libro o por el contrario quieran ampliar sus conocimientos al respecto, busquen su significado y lo que refieren de él.

El *ejercicio físico*, es más que una regla para vivir saludablemente, cuando asumes que el ejercicio físico es una garantía de un bienestar más mental que físico, no cuesta mucho. Siempre digo que el ejercicio no me ha quitado las celulitis pero ha hecho algo más grande en mí. Estar bien conmigo misma no equivaldrá a ningún esfuerzo, por eso hacer un poco de ejercicio ha sido una herramienta esencial en mi forma de pensar, en mi forma de ser y hasta en mi forma de actuar.

Esto tiene su explicación científica y la quiero mencionar no sólo para vender la idea del ejercicio sino para que te des cuenta que nuestro organismo tiene estrecha conexiones con lo que pensamos y hacemos. El realizar actividad física te permite estar alegre, tranquilo, con una sensación de bienestar, por la liberación de ciertas hormonas que alejan, entre algunas cosas, el estrés, la ansiedad y la depresión.

Las hormonas responsables son: la serotonina, que interviene en el estado de ánimo: luego de hacer ejercicio o actividad física en especial al aire libre, da una sensación de calma que aleja estados depresivos y permite conciliar mejor el sueño; Dopamina, relacionada al placer. Se experimenta por ese vínculo que se crea al sentir placer al realizar actividad física y trabaja en alejar otras cosas como comer dulces, fumar u otros; la endorfina, es la hormona que permite sentir felicidad o alegría tras realizar ejercicios, reduce la ansiedad y el estrés y también funciona como un analgésico natural.

Aunque se explique más sobre las hormonas que se liberan al hacer actividad física y el bienestar que producen, hasta que usted no lo experimenté como hábito no sabrá de lo que estoy hablando. Has algo que te guste, no necesariamente tiene que ser ejercicio con máquinas, de fuerza, puedes buscar la actividad que más te guste e involucre ejercicio físico como bailar o caminar. Por ejemplo, me gusta realizar algo de ejercicio al aire libre, eso de programar un horario e ir al gimnasio me cuesta mucho, por eso comencé a realizar lo que me gustaba y era estar trotando viendo el mar. Me lo enseñó mi papá, la disciplina siempre la ha tenido, yo por el contrario más que disciplina le vi lo que me gustaba y era estar viendo el mar, y es que estar haciendo ejercicio con esa briza de playa que te pega en el rostro, para mí no tiene precio, contribuye a mi bienestar; es parte ahora de esos hábitos y herramientas esenciales que me dan felicidad.

Escribir, también ha sido una herramienta esencial para mí. Asumirlo como aprendizaje fue primordial pero lo he tomado más como mi trabajo creativo de todos los días, es un trabajo para mí y con gusto para los demás, es lo que me hace sentir bien. A veces una frase es suficiente, otras veces un texto que luego ni entiendo pero también ha servido jejeje. Algo que da placer no tiene calificación, por eso considero que no es bueno ni malo, es sólo buscar una herramienta que te ayude a sentirte bien.

La escritura además se ha conectado mucho con ese algo que he descubierto a través del coaching, acerca de mi pasión por enseñarle a los demás, ayudar con cierto conocimiento a que las personas pueden estar y sentirse mejor de lo que están. Dar ese mensaje de que cada uno de nosotros tiene potencialidades que desarrollar y muchas veces ni las reconocemos. Que cada uno de nosotros tiene muchas cosas por descubrirse.

En las rutinas de trabajo, nos perdemos, nos agobiamos, nos deprimimos y lo más desagradable para nuestro bienestar es que nos enfocamos en lo que no queremos y lo que no está a nuestro alcance, (tráfico, gobierno, renta, el problema de una amiga de otra amiga que conoce a otra amiga), es un enfoque en situaciones negativas y que no podemos cambiar o solucionar al momento.

Es de gran importancia gastar nuestras energías en lo que queremos y ocupar la mente en cómo lograrlo. Recuerdo que haciendo mi trabajo de coaching tuve que dejar de leer las noticias y sólo orar, las verdades del país me estaban afectando mucho, y yo lo que quería era progresar y no quedarme en lo de siempre (en las quejas de algo externo), en mi conversación entendí que había momentos por los que trabajar para que eso cambiase. Así que reconocí que lo único que podía hacer era rezar y reducir mi conexión con las noticias. En algunas ocasiones hay que entender las babilonias que se desarrollan, a lo que el Señor sólo pide salir de ella. Así que una salida no significa sólo físicamente sino espiritualmente. No atender ciertos desbarajustes de la realidad, sana tu mente y tu espíritu.

Luego de una semana de reposo mental pude tener otra visión, hasta me conmovió el saber que mi trabajo era saber de la realidad pero consistiría en trabajar para buscar la manera de cómo eso no me afectaría. En eso incluí más rutinas de ejercicio, menos internet y más lectura. Aunque duela muchas veces alejarnos de los problemas, nos hace bien porque podemos ver las cosas desde otra perspectiva.

Por eso, una herramienta esencial fue y ha sido un *reposo mental*.

Tómate tu tiempo para tomar decisiones, descansa de la prensa y las noticias, de la rutina de todos los días hasta de las personas que te rodean, y si tienes hijos cuadra con una amiga o familiar que pueda hacerse cargo, pero es necesario tener al menos un tiempo sin lo mismo, para pensar claramente y tener otra visión, es lograr estar fuera de la rutina.

Asimismo, se encuentra la *meditación* como herramienta esencial que ha dado sus frutos, la tranquilidad y sensación que se experimenta al practicar; ese silencio y conversación interior forma parte de un crecimiento espiritual que te ayuda a aclarar tus decisiones. Es una atención profunda que se da interiormente. Es reconocer a través de la respiración, que estás en el ahora, no en el pasado ni el futuro, sólo en el ahora, una sensación de la realidad de estar vivo. Así he concebido la meditación, como una forma de reconectarse con el Universo y con ese grandioso mundo que tenemos cada uno de nosotros en nuestro interior.

> *"Todo lo que la mente pueda hacer no puede ser meditación, es algo más allá de la mente, la mente es absolutamente imponente ahí. La mente no puede entrar en la meditación; donde acaba la mente, comienza la meditación".*
> (Osho, 2003, p.221).

Para los hombres, quienes muchas veces están alejados por la cultura en este tema de la meditación, pueden simplemente estar solos y en silencio. La playa brinda espacios así, incluso si vas con gente. Lograr estar contigo mismo, es un desafío mental porque siempre está la mente, lo que se debe experimentar como refiere el escritor Osho (2003) que en todo lo que deje de hacer la mente puede comenzar la meditación. Sólo tras esa paz, practicada muchas veces, podrás tener claridad para mejorar tus decisiones, controlar tus emociones...

La meditación es dejar de pensar. ¡Que problema para quienes vivimos en metrópolis, sin embargo hay oportunidades de encontrar espacios en silencio! Es lograr un estado de relajación, es encontrar claridad no pensamientos. ¿Cómo hacerlo? algo más natural "deje de pensar, simplemente que no hagas nada. Siéntate. Deja que los pensamientos se asienten por sí mismos. Deja que la mente cese por sí misma. Tú simplemente te sientas mirando la pared, en un rincón silencioso, sin hacer nada en absoluto." (Osho, 2003, p.222)

Por último, está la *disciplina* como herramienta esencial. Aunque todos conocemos que significa la disciplina creo que ciertamente algunas personas no la conciben como es debido. La disciplina es también tu actitud, al decidir hacer algo de cierto modo, es según la actitud que has tenido el que te lleva a hacerlo, la disciplina estará en la constancia que tengas con esa actitud.

Hablar de afirmaciones hoy y en un mes ni pensar en ello, es no haber creado esa disciplina, no estarás actuando como lo habías decidido. Como mencioné en una oportunidad muchas veces es cuestión de decisión; hacer algo hasta que te guste. Yo siempre he sido buena oyente, si me dicen que eso será mejor para mí así lo entiendo. Si dicen que el cigarro es malo, no veo la razón de entrar en ese hábito. Por el contrario, soy escéptica en muchas cosas, pero en cuanto me recomiendan algo para mi bienestar, lo apruebo. Se dice que la meditación ayuda al estado mental, no habría razón entonces porque no ponerlo en práctica.

Por tanto, *disfrutar el camino, la lectura, la búsqueda de significados, el ejercicio físico, escribir, el reposo mental, la meditación y la disciplina*, han sido herramientas esenciales para asumir un cambio personal, un cambio hacia mi bienestar y hacia lo que deseo. Lo único es que estas herramientas han sido esenciales para mi persona. Cada quien estará ávida de conocer cuáles serán las suyas, porque cada persona deberá pensar en esos pequeños

detalles que le ofrecen mayor felicidad y gratificación, desde
aquí se les hace una invitación para que las revisen, las
pongan en práctica, sobre todo las que ustedes ya saben por
muchos años que ciertamente generan resultados positivos,
como el ejercicio físico, la lectura y la disciplina.

Una vez una amiga me comentó que no sabía pintar,
tampoco quería aprender, sólo pintaba porque era su
manera de sentirse mejor, era tanta la sensación de
bienestar que me aseguró que ahora no podía dejar de
hacerlo, era su mayor estado de tranquilidad. Desde
entonces ha pintado cuadros para ella. En una ocasión
conocí a una persona que le gustaba mucho verse bien,
tenía un estricto entrenamiento y una alimentación acorde
a lo que hacía. En conversaciones me refirió que no era algo
exigente, sólo que hacer eso era su mayor placer, un hábito
de todos los días que había creado para verse bien y ha
transformado su vida.

Igualmente, una persona conocida por muchos años,
resume que una de las cosas que ha encontrado para
sentirse bien y entender todo lo que pasa a nuestro
alrededor ha sido a través de la comprensión de la Biblia.
Así que su herramienta esencial de vida y bienestar está
en la lectura y comprensión del texto bíblico. Su actitud
frente a esto, le hace sentirse bien, le hace estar cómodo
con ese conocimiento que lo compara con muchos otros
conocimientos de liderazgo, humildad, engrandecimiento,
comunicación, motivación, etc.

Hay muchas herramientas diarias que puedes aplicar hasta
llegar a la que más te guste si es que aún no conoces tus
herramientas esenciales: pintar, escribir, cantar, caminar,
leer, ejercitarse; aunque el ejercicio es la única que a pesar
de no gustarte pudieses hacer para sentirte excelente; son
varias, no hay una sola herramienta, tampoco tiene que ser
obligado que se tengan, sólo es mi recomendación sobre el
camino al cambio personal, tener un hábito saludable y una

herramienta esencial que te ayude, simplemente mejora tu actitud, amplía tus conocimientos y te hace sentir mejor.

Algo importante es comprender que no es un hobbie, yo asumo que la herramienta esencial te llevará a esa plenitud que todos buscamos y te permitirá disfrutar del camino que estés recorriendo. Hacer algo que te guste puede ser un hobbie pero no necesariamente te lleva a un cambio o te acompaña al camino que buscas, por el contrario hacer algo que te apasiona, pero que interviene en tu cambio y riqueza, eso sí responderá a ser una *herramienta esencial.*

"Nada grande se ha hecho en el mundo sin una gran pasión"
Georg Wilhelm Friedrich Hegel

¡Apasiónate por lo que te gusta hacer, y si aún lo desconoces apasiónate por encontrarlo, eso te llevará al camino que quieres! Como *la pequeña Doña Perfecta*, tuvo muy claro cuál era su esencia y buscaba hacer las cosas a la perfección, porque era lo que la hacía sentir bien. La coach Miedaner (2002) asegura que cuando se hace lo que se gusta se atrae y sin mayor esfuerzo a grandes oportunidades, la intuición te lleva a descubrir lo que sueñas, asegura la escritora.

Encuentra los hábitos que te harían sentir bien, consigues esas pequeñas cosas del pasado que te recuerdan lo que te gustaba hacer. Ser creativo también es una fortaleza de felicidad, busca la forma de crear tus herramientas esenciales que te harán sentir más que feliz ¡Imagínate!. Yo recuerdo que mi papá coleccionaba barajitas de béisbol, y el fin de semana, el domingo más que todo, siempre revisaba el álbum y las barajitas, y las leías, y mencionaba a los jugadores y sus logros. Lo decía con tanta alegría, se asombraba con esos triunfos.

Como es fanático desde niño de los Yankees de Nueva York, cuando revisaba la información de los jugadores sentía tanta emoción, se le notaba, aunque su voz y su expresión era de calma, podía entenderse esa alegría con las palabras que usaba. Esa lectura de los logros y victorias de los jugadores y más en especial de los jugadores de los Yankees, entiendo ahora que fue un hábito que lo llenaba, fue su herramienta esencial. Podía tener muchas cosas en el trabajo pero cuando se disponía todos los domingos a revisar eso, y verificar las nuevas o las más viejas, cambiaba su expresión. Me atrevo a decir que nunca he escuchado a más nadie saber tanto de los jugadores y de su equipo favorito. Ahora comprendo y me hizo ver que hacer y estar en sintonía con lo que le apasionaba te hace sentir muy bien.

En el camino algunas personas dejamos de aprovechar y valorar lo simple de la vida. Quien se puede imaginar que una persona que está en constante estrés en el trabajo, estudiando, construyendo una casa, atendiendo a las niñas, pagando una renta, puede encontrar esa parte de su felicidad en algo que le apasiona como era saber y conocer a su equipo de béisbol.

Las herramientas esenciales nos pueden enseñar que a veces atender lo más simple, nos hace bien. Yo estoy feliz si estoy leyendo un libro. Otra persona estará feliz haciendo ejercicio. Lo importante es lo que contribuya a tu felicidad y a su vez a tus logros.

CAPÍTULO 5

Somos polvo de estrellas

Se considera que el Universo se creó hace alrededor de 13.7 billones de años y su comienzo se presupone haber sido explicado a través de la teoría del Big Bang, la cual ha sido o "es un intento de explicar lo que pasó al comienzo de nuestro universo. Descubrimientos en la astronomía y la física han demostrado más allá de la duda razonable que nuestro universo tuvo, de hecho, un principio. Antes de ese momento no existía nada, durante y después de ese momento existió algo: nuestro universo". (Todo sobre Ciencia, (s/f), párr. 1).

La teoría del Big Bang es un esfuerzo para dar a conocer ese comienzo, su antes y después. El británico, Fred Hoyle, es quien acuña por primera vez el término de Big Bang, durante una emisión de radio de la BBC en 1950. Esta teoría supone científicamente el hecho de que el Universo tiene un principio.

Aunque no ha sido lo único que ha surgido para explicar este misterio, el físico Robert Gentry, propuso una alternativa a la teoría estándar en la que afirmaba que ese modelo estaba basado en el paradigma de Friedman-Lemaitre que consiste en la expansión espacio-tiempo. Lo que significa que el universo ha estado en expansión desde su inicio. (Todo sobre Ciencia, (s/f)).

"El nitrógeno en nuestro ADN, el calcio de nuestros dientes, el hierro de nuestra sangre, el carbono en nuestras tartas de manzana se hicieron en el interior de las estrellas en colapso. Estamos hechos de materia estelar".
Carl Sagan

Indistintamente, si el Universo se creó de algo que era nada y se fue expandiendo o sí se debe a la relación inercia-espacio-tiempo, aquí vemos un Universo y estamos en él como «perfectos pequeños pensantes». Se coincide en que nosotros somos parte de esa fusión de átomos. El primero que estuvo después del Big Bang fue el hidrogeno, a partir de allí aparecieron los de helio, litio, boro, carbono, y todos dentro de una estrella, luego el átomo de hierro.

Lo único es que éste al llegar a la estrella, hace que colapse su estructura produciendo gran explosión, que terminó por producir toda la materia que generó todo.

En conclusión, los átomos que forman esa materia y que todo nuestro mundo y nosotros, están compuestos de ella, por lo que no es más que decir que *"Somos polvo de estrellas"* (frase del astrónomo, astrofísico, cosmólogo y escritor, Carl Sagan (1934-1996), porque somos parte de esa materia y nuestros átomos provienen de esas fusiones en las que fragmentaron las estrellas.

"La próxima vez que observes las estrellas durante un paseo nocturno, deberías dedicar algunos pensamientos a estas resplandecientes esferas que vagan silenciosamente por el vasto universo. Estarás mirando, de alguna manera, a tus ancestros: los humanos, el resto de las criaturas vivas de la Tierra-y la propia Tierra-son hijos de las estrellas. La mayoría de los elementos de los cuales estamos hechos o que nos permiten vivir- carbono, oxígeno, nitrógeno y muchos otros- fueron creados en las estrellas. (…).
(Boffin y Pierce-Price, c.p. Benavente-Morales y Pinto, s/f, párr. 1)

Ahora, al conocer que somos polvo de estrellas, que venimos de una perfección natural que estuvo creándose durante mil millones de años, en donde la ciencia y lo espiritual, tienen unificación desde un Poder Superior, Me digo que *esta incompresible pero perfecta combinación de átomos nos da el principio para ser Seres perfectos y en expansión.*

El Universo continúa expandiéndose (fenómeno descubierto en 1929 por Edwin Hubble). Es entonces, como esta analogía, de principio físico, como la expansión del Universo, me hace el favor de mostrarte que somos seres en expansión. Desde nuestros átomos se predice que podemos lograr la amplitud que queramos, el éxito o la realización que quisiésemos. Mas cuando sabemos que tenemos el milagro de la existencia.

Ha sido un milagro de lo perfecto, la existencia universal y humana ha sido un milagro y datos científicos así lo corroboran. En un Documental del año 2013 acerca del espacio, denominado Planetas del Universo, referían unos números que yo tuve que anotar, para recordarme el milagro de estar aquí y de lo pequeño y grande que somos a la misma vez. Se resalta que nuestra galaxia tiene más de 200 mil millones de estrellas y se predice que podría haber planetas en 40 mil de ellas.

También, se dijo que no se había encontrado otro planeta igual que el nuestro, en ningún otro planeta hay agua líquida, y eso que han descubierto más de 400 nuevos planetas, otros números súper magníficos que nos hacen únicos como parte de ese milagro de la existencia y su creador. Aunque más recientemente aseguraron que en Marte podría haber agua bajo tierra.

Existen muchas maquinas perfectamente diseñadas a nivel molecular, ¿quién las creo? Estamos rodeados de diseños extraordinarios desde el universo, nuestro planeta y nuestro cuerpo, ¿quién los creo? ha de haber una inteligencia omnipresente, y como en todo diseño debe existir el diseñador. Aunque si les advierto, para mí la existencia lo es todo, el milagro de la vida lo es todo, no seas como Richard Dawkins, quien entonces anuncia ¿quién diseñó al diseñador?, lo mismo que se escuchan en los pueblos ¿Qué fue primero el huevo o la gallina? Se deja de tener la importancia en la existencia y de la creación, que es lo que verdaderamente importa, por lo que yo te pregunto no es más beneficio estar bajo los hechos. No es más importante saber que está la gallina y que hubo algo o alguien magnífico que la creo. No es más importante saber que está nuestro planeta y que hubo algo o alguien magnífico que lo creo, y hablo de algo para no polemizar en la existencia de nuestro más grande diseñador.

En este sentido, quisiera poder inyectar esto en tu mente para que recuerdes muchas veces que provenimos de una fastuosa creación, un Universo en expansión, que ahora mismo continua creciendo, lo que significa que llevamos en nuestras partículas señales de crecimiento y el gran placer de estar bajo el milagro de la existencia ¡bella analogía, verdad! Somos seres en crecimiento y estamos aquí, ¿por qué sabotearnos al impedir nuestros éxitos?.

No nos volvamos de máquinas perfectas a sólo máquinas de trabajo y sueño (de dormir), ya lo difícil Dios lo creo y lo demás, lo seguimos creando nosotros. Tú tienes que disfrutar de la creación y de la existencia, yo no veo que tienes que preparar un proyecto para crear una montaña, una mariposa, un computador o un lápiz. Está en la existencia, así que no nos impidamos beneficiarnos de eso y lograr más allá. ¡Sigamos creando, sigamos creciendo...!

¿Qué nos impide lograr el éxito?

Antes de comenzar a hablar sobre el éxito considero necesario dar su significado porque abrirá dos puertas muy diferentes, debido a que el éxito lo definen como "un resultado muy bueno" (Larousse), un "resultado feliz de un negocio, actuación, etc." o "buena aceptación que tiene alguien o algo", pero es completamente diferente a lo que realmente nos llena. (DRAE).

Morales (2011, p.12), por su parte lo define como "algo que obtienes, consigues, alcanzas o logras. Por ejemplo, si te gradúas de la universidad, si consigues cerrar una buena venta, si obtienes una gran promoción en tu trabajo, si alcanzas la fama o si logras tener una buena cuenta bancaria, puedes considerarte una persona exitosa". El éxito definitivamente se busca o como dice Jim Rohn, el éxito se atrae.

> *"El éxito llega para todos aquellos que están ocupados buscándolo."*
> Henry Thoreau

El éxito no es más que un resultado trabajado «te propones algo, trabajas por ello, lo consigues; logras un éxito». No obstante, el éxito no es la plena felicidad, no es el único camino, trabajar por el éxito y sus gratificaciones es esencial, para estar en armonía y en esa energía de la vida de conseguir e ir tras algo. Por el contrario existe algo más allá del éxito que llamamos realización por lo que nos preguntamos ¿es el éxito lo único que buscamos?

Como manifiesta Morales (2011, p.12), "el éxito se puede medir", pero "la realización es algo más profundo". La realización te transporta a otros niveles de alegría y felicidad:

> Tú te realizas cuando vences o superas un bloqueo interno. Por ejemplo, si superas el temor a expresar lo que sientes y te atreves a ser tú mismo, si superas una adicción y retomas el control de tu vida, si aprendes a perdonar y eliminas el resentimiento, si logras tener todas tus relaciones saludables (...), ahí puedes percibirte como una persona realizada.

> La recompensa que recibes cuando te realizas
> es invaluable y duradera, mientras que la
> recompensa del éxito puede ser momentánea
> o a corto plazo. Por eso, hay muchos que
> alcanzan el éxito pero después de un tiempo se
> sienten insatisfechos y necesitan adquirir más
> y más. (Morales, 2011, p.12)

La diferencia entre el éxito y la realización de una persona, es que el primero es un logro, con resultados externos y en ocasiones transitorio, el segundo es interno y duradero. Una persona realizada, concibe satisfacción de la vida por haber logrado lo que aspiraba, como refería la coach y escritora del libro *Soy más de lo que pensaba,* Morales (2011), referido a aquello de poder superar algo interno, es alcanzar algo desde el interior, desde el Ser.

A partir de esto pudiésemos entonces recapitular y preguntar de acuerdo a la visión que ya te has formado sobre éxito y realización *¿qué te impide el éxito?* o *¿qué te impide ser una persona realizada?*

> *"Mientras no hagamos cambios interiores, mientras no*
> *estemos dispuestos a hacer el trabajo mental, nada*
> *exterior cambiará. Sin embargo, los cambios interiores,*
> *pueden ser increíblemente sencillos porque lo único que*
> *verdaderamente necesitamos son nuestros pensamientos".*
> (Hay, 2007, p.211)

Las creencias

«Si mis padres lo dicen ha de ser verdad» Una creencia es una idea con un alto porcentaje de certeza. Mientras más certidumbre se tenga sobre la afirmación, deja de ser una idea por concebirse como creencia. La idea presenta adeptos a una verdad que pudiesen limitar a la persona o por el contrario potenciarla. Osho (2003), refiere que todos los bebés nacen buda porque pueden encontrar la iluminación lo que pasa es que los padres y el entorno los llenan de creencias y le quitan el sentido de la verdadera verdad.

En palabras más exactas las creencias son "aquellos sentimientos de certidumbre que posee una persona y que le ayudan a aprovechar los recursos para obtener buenos resultados en la vida", aquellas que sostienen las personas sobre su realidad, entono u experiencia. (Castro, 2012, p.35)

Las creencias se diferencian de una idea por el grado de certidumbre que se le imprime. Algunos escritos reconocen estas diferencias a través de su carga efectiva. Mientras mayor sea la carga afectiva, será una creencia en vez de una idea.

Por lo que es relevante reconocer cuando una idea es una creencia. De acuerdo a Castro (2012, p.35), estás presentan características como:

1. Están sostenidas en las experiencias pasadas que ayudan a sustentarlas; por ejemplo, si me han dicho que soy guapa, si me miro al espejo y lo corroboro, si constantemente me ofrecen halagos, eso sustenta la idea, pasando a ser creencia.

2. La intensidad emocional que se siente con respecto a las experiencias personales sirven de referencia para sustentar la creencia, y esto afectará profundamente la fortaleza y la solidez de la misma. Las más sólidas son aquellas a las que se les han puesto una gran dosis de placer y dolor, por tanto, la emocionalidad que se les imprime es profunda.

3. Otro elemento es la cantidad de referencias que sustenten una idea. Cuanto mayor sea el número de repeticiones, mayor será la fuerza de la creencia.

Ahora bien, ¿si quiero lograr éxito o realizarme como persona qué pudiese extraer de este punto?

El *Cambio* como proceso de aprendizaje te sitúa a medir el grado de certidumbre con respecto a una idea. Imagina por un momento a una persona que quiere aprender otro idioma, porque entre sus planes tiene planteado estudiar un postgrado que amerita el manejo de ese idioma. No obstante, tiene la plena certeza que así se lo proponga no avanzará porque cree que no aprendería el idioma debido a que un profesor de escuela mencionó en muchas ocasiones que esa persona era muy mala en clases de inglés y que jamás aprendería inglés. Cada vez que se animaba a comenzar el curso, recordaba esas palabras, y decía «para qué voy hacer el curso, sí soy malo en inglés». Además, no llegó a pasar una sola vez; en otra oportunidad se inscribió, hizo un módulo y al no entender una actividad, afirmó «nunca aprenderé esto, de verdad soy malo con el inglés» y así, en repetidas ocasiones inconscientemente se dirigía con afirmaciones que lo limitaban en cuanto a lo que quería hacer, era el resultado de una idea que le dio un alto grado de certeza.

La creencia se ha quedado en esta persona por la certidumbre que fue conservando de esta idea. En otras palabras, la persona forma este estado no racional en cada contexto del idioma inglés, estableciendo una *creencia limitante* que enuncia inconscientemente y que arrastra desde pequeño. En este sentido, se entiende que las creencias son afirmaciones que asumimos de los padres, familiares, maestros, y todo el entorno, desde que estamos pequeños y éstas van formando parte de nuestras afirmaciones e ideas.

Es por esto, que las creencias son parte importante en todo proceso de cambio. Una persona que quiere lograr un cambio deberá estar preparada para afrontar las creencias que pudiesen estar limitando su crecimiento, el logro de un éxito o su realización.

> El crecimiento es doloroso porque has estado evitando miles de sufrimientos en tu vida. Pero si los evitas no puedes destruirlos, se van acumulando. Vas tragándote tus sufrimientos y se quedan en tu organismo. Por eso tu crecimiento es doloroso: cuando empiezas a crecer cuando decides crecer, tienes que enfrentarte a todos los sufrimientos que has reprimido. No puedes dejarlos a un lado. (Osho, 2009, p.77)

En este sentido, se ha de considerar que crecer es enfrentarte a tus creencias lo cual puede ser doloroso. Decidir crecer es buscar la verdad y las creencias limitantes que nublan lo que la realidad puede llegar a ser, por ello te traigo la reflexión del autor, quien afirma que hemos estado evitando sufrimientos al no ir en contra de nuestras creencias, es evitar el sufrimiento. En otras palabras, es como ir en contra de nuestro mundo y eso es evitar sufrir, pero cómo obtener resultados si no lo enfrentamos, lo que nos pudiese estar impidiendo el crecimiento.

Por eso las creencias limitantes vienen a formar parte de ese abanico de aspectos que pueden estar limitando el éxito o tu estado deseado. Es bueno recordar que respecto a las creencias limitantes será mejor detectarlas y no buscar eliminarlas sino instalar nuevas creencias que tengan mucho más fuerza que las anteriores. «Eres una persona que puedes aprender de todo», «has aprendido muchas cosas, igual pasaría con el idioma o cualquier otro conocimiento que desees adquirir».

Las creencias nos limitan si no podemos concientizar lo que nos perjudica o lo que nos ayudan. En una clase, realizando una certificación internacional de alta gerencia en coaching, se realizó una práctica de coaching con una de las alumnas y con un reconocido mentor-coach en Venezuela, para respetar la confidencialidad de las partes sólo he de mencionar que durante la sesión se extrajo una de las creencias que estaban limitando a la persona. Pues pensaba que lo podía hacer todo, a lo que el coach le hizo entender que es una creencia limitante y no puede obtener resultados debido a que así sea muy planificada la persona se debe entender que una persona no lo puede hacer todo. La alumna debía internalizar que no puede hacerlo todo...

Este ejercicio me ha acompañado a mí en el sentido de verme en ese mismo espejo al creer que siempre uno lo puedo hacer todo, sobre todo en el ámbito organizacional, reconocer la ayuda que necesitas, reconocer que saber delegar es tan importante como tu trabajo, reconocer que el tiempo no se compra para terminar algo, que algunos estamos condicionados a que si no lo hacemos nosotros mismos no queda igual. Debatir estas creencias es enfrentarte con todo tu mundo. El verdadero ejemplo estaba referido a algo personal, yo lo extraje para un tema de trabajo y resultó muy provechoso para comprender que sin darnos cuenta actuamos bajo creencias que muchas veces nos limitan en vez de ayudarnos.

Revisar las creencias en el proceso de cambio y desarrollar una fuerte creencia que pueda contrarrestar la anterior será esencial para tu bienestar y tranquilidad. Las creencias son valores que se van formando desde muy pequeños, por muy simple que parezca, mucha de la resistencia en el cambio proviene de las creencias que tenemos que resultan incluso en ir en contra de alguna enseñanza familiar.

Para un emprendedor, algunas creencias que deberá enfrentar por ejemplo, si viene de un hogar muy religioso, son humildad y pobreza, porque aunque no lo aceptemos la comprensión que han hecho de la palabra de Dios, nos ha creado fuertes creencias. Escuchar desde pequeño que los ricos les costará más entrar en el reino de Dios, internamente te puede estar diciendo que no te vuelvas rico, porque Dios así no te quiere en su reino, para un niño la comprensión estará sujeta a la interpretación del adulto y así él lo va a concebir. En vez de reforzar que el Señor bendice al que se afana con su trabajo y tiene un propósito común. Esto es un ejemplo para ilustrar como las creencias determinan inconscientemente las acciones y lo que queramos en la vida.

Los juicios

Desde la Palabra del texto bíblico, se refiere en el Libro de Mateo, el no juzgar a los demás. Anteriormente se hablaba acerca de las creencias como parte de esos aspectos que pudiesen estar limitando a la persona a alcanzar algo. Los juicios también entran en aquellos aspectos que limitan a las personas.

Los juicios "están relacionados con una inquietud o preocupación de quien los emite, es decir, se hacen para algo. Por tanto, para entender un juicio de alguien es importante comprender qué lo mueve a decirlo, de qué ámbito está hablando y cuál es el estándar utilizado". (Duhne, Garza y Quintanilla, 2011, p.92).

Al tener sólo una visión se limita de ver los demás contextos de una realidad, lo que conlleva a no entender la amplitud que puede tener una realidad, porque el juicio sólo te muestra una. "Cuando una persona describe algo, desde el aspecto lingüístico en ocasiones cae en una trampa, al no percatarse que confunde dos acciones: hacer afirmaciones o describir hechos y emitir juicios". (Duhne et al., 2011, p.92).

Los juicios, en sí,

> "Dependen del observador.
> Están relacionados con una inquietud o preocupación.
> Se hacen en un ámbito determinado.
> Tienen estándares implícitos.
> Sirven para planear el futuro.
> Pueden generar estrategias de crecimiento.
> Pueden ser válidos o inválidos, (...)"
> (Duhne et al., 2011, p.93).

Las afirmaciones son una descripción que cualquier persona puede verificar, y "al hacer afirmaciones no se cambia el mundo que rodea, sólo se describe lo que se ve. (...) decir que Jaime es Mexicano, no lo hace mexicano", por lo que éstas pueden ser falsas o verdaderas. (Duhne et al., 2011, p.92). El juicio emite una visión que también puede no estar describiendo una realidad: él debe ser mexicano; es una opinión que te limita a conocer la posible realidad.

> *"El prejuicio es el hijo de la ignorancia"*
> William Hazlitt

Es necesario que te preguntes sobre los juicios que haces de los demás o de ti mismo, indagando acerca de sí son afirmaciones que puedes corroborar o son simples opiniones que limitan ver la realidad de los demás o de ti. Por ejemplo, mencionar que tu compañera de trabajo es mentirosa, porque la secretaria lo dijo, es emitir un juicio, sin hablar de lo perjudicial que pudiese representar para ti misma, no sabes la ayuda que pueden brindar los compañeros de trabajo, más aún cuando son muy eficientes, por el contrario lo que provocas es limitar tu entorno por un juicio de otra persona.

El juicio viene siendo limitante porque te crea una visión de una persona que pudiese estar alejada de la realidad.

Entonces, te preguntarás ¿emitir juicio en qué pudiese estar limitando mi éxito o realización? Pues bien, hay muchas probabilidades, yo mencionaré de acuerdo a mi percepción las posibles:

- o Te limitas de conocer o tratar a la persona por un juicio no fundamentado.

- o Te limitas a ver una realidad que tal vez no sea ciertamente esa.

o Te limitas a sentirte bien en tu espacio de trabajo y entorno organizacional.

o Te limitas en tu propia realización, porque vas cargando con cosas que te restan energía. Pensar mal de alguien, en lo personal, considero que incomoda tu día y eso resta energía.

o Así como te limitas a que otras cosas buenas puedan ocurrir por considerar ese juicio en tu trato interpersonal con otra persona. Seguro te distancias o cruzas pocas palabras (No sabes si es ella la compañera de trabajo, que te brindará a desarrollar un trabajo a futuro).

Los juicios también pueden producir crecimiento «Quien se lo propone lo logra». Además, una creencia potenciadora, que funciona como aspecto impulsor para quien lo emite, debido a que tiene la certeza que si se propone algo, lo logrará.

Por otra parte, existen los propios juicos ¿qué pensamos de nosotros mismos? Un juicio negativo puede limitarte mucho así como uno potenciador puede brindarte inspiración. «Yo soy una persona responsable» o «Yo no soy una persona responsable» qué pasa con este último; pueda que en algo que hiciste consideraste no ser responsable, sin embargo tienes un grado de estudio, que forma parte de la responsabilidad que tuviste para ese entonces: ir a clases, hacer las tareas, por ejemplo. Es decir, en sólo una cosa que no hiciste y no llegaste a cumplir tu responsabilidad te hizo crear un juicio de no ser una persona responsable. Tú grado de certidumbre fue alto al considerarlo como verdadero, de hecho las personas así probablemente operen de acuerdo a esto, por lo que en otras tareas pensarás que como no eres responsable lo entregarás después. Un juicio condiciona tu comportamiento.

Es un ejemplo que se puede extrapolar hacia distintas circunstancias y es importante atender también que en ocasiones el juicio no lo formulamos nosotros mismos sino que los demás lo hacen sobre nosotros, muchas veces a través del método de la campana: tanto que lo repiten, que lo asumes como verdadero. Por ello, el conocerse a sí mismo es un aspecto imprescindible para conocer los juicios que son reales y nos favorecen o aquellos que no lo son y trabajarlos; así como los que hemos asumido de los demás.

Algo importante es que desde la programación neurolingüística se comprende que nuestra forma de pensar no es la realidad en sí, solo representamos una parte de la realidad, un mapa del territorio, es un principio de esta teoría. No somos el territorio sino una pequeña porción de él. Lo que significa que no tenemos un 100% de la realidad sino una parte de la realidad. Desde la fenomenología se dice que somos actores que representan una subjetividad de la realidad. Por lo que los juicios más que afirmaciones que debemos corroborar son un solo punto de vista, por lo que siempre debemos tener presente que es parte de nuestra subjetividad, lo que significa que no es una única realidad ni una realidad completa.

Aceptar que la realidad que percibes es parte de una representación subjetiva, que nos brinda un camino menos empinado, respetando los puntos de vista de los demás, aceptando desde un inicio que no hay verdad absoluta sino que tenemos representaciones de la realidad, que los juicios son parte de nuestra propia realidad y que no tiene que responder a lo que verdaderamente es, eso nos enseña la parte humana de lo que somos y al desarrollar la empatía estamos dando los pasos para obtener crecimiento personal.

La *empatía* permite como aquel dicho, ponerse en los zapatos del otro. No es más grande quien tenga la razón y aun así no logre lo que busque, más tranquilo estará la persona que pueda aceptar su subjetividad y entender los otros puntos de vistas, hasta llegar a argumentaciones más claras y objetivas. Entender al otro, no es rebajarse, como muchos por orgullo suelen interpretarlo, ni tampoco significa dejar tu punto de vista al lado, parte de la empatía es el respeto por el semejante.

Entender al otro es crecer en entendimiento de lo que realmente somos. Además, permite conservar y mejorar las relaciones interpersonales, que en el ámbito organizacional puede que tengas la opción de trabajarlo más adelante, pero cómo hacer cuando es en la familia, por ejemplo. Cuando un hermano cree siempre tener la razón y no tiene respeto por la opinión de los demás en su casa. Es hermoso observar a las personas que se preocupan por crecer y tener desarrollo personal, como lo estás haciendo tú ahora, porque se ubican del lado del conocimiento y del respeto y no del único lado de la razón.

Sólo quisiera recordarte que es beneficioso apalancarte sobre creencias potenciadoras: 1. Has una lista de tus creencias y examina las que te limitan y las que te potencian, verifica cuáles pueden estar limitándote en cierto aspecto que quieras alcanzar y cuáles puedes desarrollar para tener mejores resultados. Para ayudarte con esta actividad puedes recordar lo que piensan tus padres y lo que has asumido de ellos, así con las demás personas que te rodean. También, puedes recapitular en lo que realmente crees en cada aspecto de tu vida, que piensas del dinero, de la salud, del trabajo, de las relaciones, etc. (algunos ejemplos que hemos escuchado como creencias son "todos los hombres engañan", "los ricos se aprovechan de los pobres", por lo que te pregunto ¿cómo estarás con un buen hombre si piensas y tienes la certeza que todos engañan?, o ¿cómo vas a trabajar para ser rico si crees que no ayudan a los demás?).

2. También escribe 10 creencias potenciadoras. Puedes comenzar por lo que las personas piensan de ti, y reescribirlas con mucho más poder. Un ejemplo pudiese ser: si te han dicho "eres una persona simpática", puedes

potenciar ese frase al decir "Soy una de las personas entre todos los que conozco que tiene mayor simpatía, lo que me ha ayudado a tener excelentes relaciones personales, buenos amigos y estar bien con todos en cualquier espacio donde me desenvuelvo".

¡Escribe tus creencias y te conocerás un poco más!

La emocionalidad

«Hace poco comprendí que el manejo emocional lleva a alcanzar lo que quieres» ¿Qué hace que otros puedan responder de mejor manera a algunas circunstancias que a otros se les haría imposible?

Ciertamente, el manejo de las emociones es un aspecto fundamental para lograr lo que quieres. El manejo de la emocionalidad es atender las emociones, saber reaccionar ante ellas y propiciar la mejor respuesta cuando la emoción esté presente; "uno es un acto de la mente emocional, el otro de la mente racional. En un sentido muy real, tenemos dos mentes, una que piensa y otra que siente" (Goleman, 1996, p.27).

Como las personas no sólo piensan y hablan, sino que también sienten, muchas conductas y expresiones suelen venir de esa parte no tan racional. Según Duhne, Garza y Quintanilla (2011), "las emociones son las posiciones en que nos encontramos después de haber vivido una cierta experiencia, es decir, tienen una causa directa y cercana".

Afirman los autores que al analizar el comportamiento emocional siempre se está bajo alguna emoción; "el ser humano es un ser emotivo, es decir, vive en las emociones, son parte de su ser. Son muchas las emociones que experimenta, pero existen algunas que son indispensables para su bienestar". (Duhne et al., 2012, p.100).

Existen diversos tipos de sentimientos y emociones, Castro (2012, p.50) considera que son:

o   Naturales.

o   Aprendidas que facilitan el crecimiento y desarrollo de la persona: soledad existencial, frustración, entre otras.

o   Aprendidas que detienen el crecimiento de la persona: culpa, resentimiento, vergüenza, entre otras.

Este autor además advierte que "las emociones y sentimientos aprendidos sustentan las convicciones más profundas de la persona, por lo que actuar en contra de ellas produce gran incomodidad. Están inscritas en el sistema nervioso; en algún momento de la vida fueron aprendidas y modeladas para reaccionar sobre todo ante situaciones riesgosas". (Castro, 2012, p.50)

"Todo aprendizaje tiene una base emocional"
Platón

Es así como las emociones conducen a la persona a sentir y actuar de una manera irracional, trayendo al presente alguna emocionalidad de acuerdo a lo que esté experimentando en el presente, por la convicción que tiene sobre ella, «cada vez que mi mamá me grita me pongo triste»

Para conocer más sobre las emociones algunas de sus características se refieren a que muchas de ellas son reacciones automáticas; existen cinco emociones básicas o naturales como el miedo, alegría, tristeza, enojo y afecto, aunque otros autores consideran a su vez el asco y la sorpresa; otra característica es que influyen en los pensamientos y afectan las acciones; además, las emociones se perciben desde la emocionalidad del momento, lo cual advierte a un observador modificable. (Castro, 2012)

Es decir, el observador cambia su percepción de acuerdo a la emocionalidad que esté presente en el momento, «por eso se habla mucho que se deben tomar las decisiones con cabeza fría». De igual manera, se expone que son reacciones automáticas lo que conlleva a actuar bajo lo que nos sucede, de acuerdo a lo externo, por lo que es conveniente el conocimiento de éstas. Porque las características que aquí se te brindan dan una mejor interpretación de lo que podemos entender sobre las emociones. Conocer que tenemos emociones básicas nos da mayor ventaja puesto que al saber que en cualquier circunstancia una emoción básica se puede presentar, será beneficioso saber cómo reaccionar frente a cada una de ellas.

"Es importante recordar que los estados emocionales, como la depresión no son cosas que le ocurran a uno porque sí. Uno no cae en una depresión, sino que la crea, lo mismo que cualquier otro resultado de la vida, mediante unas acciones mentales y psíquicas determinadas".
(Robbins, 2011, p.30)

Al conocer un poco más sobre las emociones es conveniente dirigirnos también a lo que se refiere la inteligencia emocional, definida por Goleman (c.p. Castro, 2012, p.49) como "la capacidad de reconocer nuestros propios sentimientos, los sentimientos de los demás, motivarnos y manejar adecuadamente las relaciones que sostenemos con los demás y con nosotros mismos". En otras palabras, lo advierte Robbins (2011), quien considera que uno crea los estados emocionales, por tal motivo el entendimiento sobre las emociones y el desarrollo de la inteligencia emocional son necesarios.

Se pudiese reconocer en este aspecto que no se habla de una inteligencia académica, regida por el cociente intelectual (CI), sino aquella que se sitúa sobre las emociones y sentimientos. Al respecto, Goleman (1996) manifiesta que la inteligencia puede que no tenga la menor importancia cuando dominan las emociones y los sentimientos.

> La inteligencia académica no ofrece prácticamente ninguna preparación para los trastornos– o las oportunidades- que acarrea la vida. Sin embargo, aunque un CI elevado no es garantía de prosperidad, prestigio ni felicidad en la vida, nuestras escuelas y nuestra cultura se concentran en las habilidades académicas e ignoran la inteligencia emocional (...). (Goleman, 1996, p.56).

Este autor e investigador catedrático tiene una fuerte consideración en cuanto a lo que se ha desarrollado en la sociedad sobre su ocupación en lo académico y trabajo emocional, de allí parte en afirmar que el tener estudios no garantiza el éxito, porque debe haber un manejo y desarrollo intelectual de las emociones, conocido como una inteligencia emocional.

Actualmente, manejar el estrés y la frustración por ejemplo, son claves para conseguir el éxito, bien sea en logros profesionales o personales. Saber manejarse frente a estas situaciones puede predecir un mejor resultado porque al conocer el manejo emocional puede enfrentarse de mejor manera a las relaciones interpersonales, cambios, desavenencias, etc.

> *"El gran descubrimiento de mi generación es que los seres humanos pueden cambiar sus vidas al cambiar sus actitudes mentales".*
> William James

Acorde con lo que dice Goleman (1996), el cociente intelectual no es el único que responde al éxito, tampoco lo garantiza. Saber responder ante las emociones forma parte a su vez de lograr un mejor desempeño personal ante la vida, es decir se necesitan de los dos.

> Nuestro desempeño en la vida está determinado por ambas; lo que importa no sólo es el cociente intelectual sino también la inteligencia emocional. En efecto, el intelecto no puede operar de manera óptima sin la inteligencia emocional. (...), cuando estos socios actúan positivamente, la inteligencia emocional aumenta, lo mismo que la capacidad intelectual. (Goleman, 1996, p.49).

En otras palabras, ocuparse sólo del intelecto no asegura el éxito, ha de entenderse que debe existir un equilibrio, como refiere el autor, ante lo racional y lo emocional para que las reacciones emocionales sean cada vez más efectivas y de mayor precisión.

Asimismo, Goleman (1996, p.56) advierte que "existen muchos caminos para triunfar en la vida, y muchas esferas en las que otras aptitudes reciben su recompensa. En nuestra sociedad cada vez más basada en el conocimiento, la habilidad técnica es sin duda uno de esos caminos". Sin embargo, el poder manejar las emociones, los impulsos y equilibrar decisiones entre pensamiento racional y emocional, acarreará óptimos resultados en todos los ámbitos de la vida. En palabras más sencillas es aprender sobre las emociones y estar consciente si existe la necesidad de recurrir a un profesional para atender alguna situación emocional. Recuerdo que uno de los primeros puntos a aclarar en un proceso de coaching es manifestarle al cliente que se trabaja con personas sanas, el coaching está ideado para ir hacia resultados continuos, efectivos y futuros, lo que descarta todo trabajo del pasado, todo trabajo emocional que habría que atender de circunstancias no superadas. Incluso en muchas ocasiones el cliente debe estar abierto a trabajar su proceso de cambio con su coach así como junto a un psicólogo, de ser necesario, para tener el mejor resultado posible.

Por otro lado, refiriéndome al tema de la inteligencia emocional se puede conocer que de acuerdo al género: los hombres "son socialmente equilibrados, sociales y alegres, no son pusilánimes ni suelen pensar las cosas una y otra vez. Poseen una notable capacidad de compromiso con las personas y las causas, de asumir responsabilidades y de alcanzar una perspectiva ética". También, el autor menciona que los hombres con inteligencia emocional elevada son cuidadosos en las relaciones, se sienten cómodos con ellos mismos y con los demás. (Goleman, 1996, p.66)

Con respecto a las mujeres con inteligencia emocional elevada, el autor refiere que expresan sus sentimientos abiertamente y suelen ser más positivas. "Al igual que los hombres, son sociables y expresan sus sentimientos de manera adecuada (más que con estallidos de los cuales podrían arrepentirse más tarde); se adaptan bien a la tensión. Su aplomo social les permite comunicarse fácilmente con personas nuevas; se sienten lo suficientemente cómodas con ellas mismas, para ser alegres, espontáneas y abiertas a la experiencia sensual". (Goleman, 1996, p.66).

Ahora bien, la importancia de conocer la inteligencia emocional elevada de acuerdo al género conlleva a conocer mejor la emocionalidad del otro y entender su contexto de acuerdo a sus actuaciones. Por ejemplo, en relaciones de trabajo se entremezclan muchas personalidades y aspectos característicos de cada persona, por lo que sería de gran ayuda conocer a través de estos indicios, el nivel emocional y la capacidad que tiene cada persona de manejar sus emociones y acciones.

Goleman (1996, p.108), plantea como algo positivo que "existen diversas pruebas que demuestran que las habilidades emocionales como el control del impulso y la interpretación exacta de una situación social pueden aprenderse". El desafío estará en poder llevar a la persona a ser consciente de ello, más aún lograr reconocer las emocionalidades de otros y poder manejarlas en beneficio de ambos.

Es entonces como no comprender el manejo emocional puede ser un aspecto que imposibilite tu realización o éxito, por el contrario saber reconocer y entender la emocionalidad de otros, manejar el mal humor o el estrés, favorece y abren espacios beneficiosos dentro de las relaciones interpersonales y el entendimiento de las acciones y respuestas de otros.

CAPÍTULO 6

¿Amor? ¿Amar? ¿Felicidad?

Cuando llega el momento en que te amas a ti mismo, todo cambia, todo brilla.

Que tierno es cuando expresamos amor o nos brindan amor, tienes tantos amores como personas. No me mal interpreten, es sólo que tú amas a Dios, mamá, papá, hermanos, amigos, profesores, mascotas, trabajo, colegios, universidades, carteras y, sí, aunque es amor material, es amor, agradecimiento u otro, pero existe un sentimiento con todo lo que nos rodea que viene siendo un amor diferente por cada cosa.

¿Y el amor por nosotros dónde queda? Mejor dicho ¿el amor hacia uno mismo dónde está? «Que ya salgo a buscarlo; no se escapará, ni el tuyo ni el mío ¡no puede! porque es tuyo». Es tan importante saber dónde quedó porque la idea es encontrarse de nuevo con él. No hay cambio profundo sino viene desde el interior de tu *Ser* y eso es *amor*, en la medida en que te ames y te aceptes puede haber un cambio. Por ahora, la disposición será suficiente ¡hay que encontrarlo!

La escritora Hay (2007), al hablar del amor refiere que es la relación que mejor debemos tener con nosotros mismos.

¿Qué es el amor? "El amor es una poderosa energía, generadora de vida, que fluye en ti cuando tú fluyes en él. Cuando fluye libremente, esa energía rejuvenece las células de tu cuerpo, haciendo que vuelvas a tener un 'corazón joven". (Mandel, 1997, p.26)

El amor es energía, curación, entrega, bienestar; Tal vez lo es todo, cada persona tiene su propia definición de amor, lo que si cierto es que el amor ha estado y estará allí. Está presente desde lo espiritual, mental y físico.

Desde que somos cigoto, célula resultante de la fecundación, ya estamos experimentando amor. El amor nos acompaña y estará allí como el sentimiento que más desarrollamos, necesitamos y anhelamos.

> El amor desconcierta a la mente. Pero la mente debe quedar desconcertada cuando considera cosas que no son asunto suyo. El amor es el saber del corazón, la sabiduría colectiva milenaria que se encuentra en lo más profundo de nuestro ser. El amor es la puerta de la intuición, la telepatía y la experiencia espiritual profunda. Sí, el amor es un acto místico, completamente irracional, pero sin amor que temple lo racional ¿podemos estar seguros de nuestra supervivencia, por no hablar de progreso y evolución? (Mandel, 1997, p.28).

De este extracto puedo reconocer que el amor es *no-mente*. Proviene de lo irracional, por ello siempre se ha hablado que en cosas del amor la razón no trabaja. Ahora bien, la persona vinculará esto con el amor hacia alguien o algo, pero este modo de irracionalidad es el que también corresponde a que existe un amor por nosotros mismos.

Hasta ahora posiblemente no sabes de manera consciente cuánto amor te tienes a ti mismo. ¿Quién lo sabe? ¿Quién se ha dicho que se quiere hasta el cielo? Me imagino la expresión de algunos, porque a pocos nos enseñan que amarse a uno mismo es primordial. No es orgullo, es simplemente amarnos para poder amar a los demás. Tampoco es ego, porque la ecuación trabaja así y el orden de los factores si afecta el resultado, porque no amarás a otra persona, cosa o algo sino te amas a ti mismo.

"La llave que revela tu potencial ilimitado es el amor. Sólo el amor te libera; sólo el amor te cura; y el amor empieza por ti. No tiene sentido buscar fuera de ti lo que no has empezado a darte a ti mismo. ¡El amor empieza en casa!"
(Mandel, 1997, p.109)

"Cuando se abre tu corazón, empiezas a experimentar la infinita reserva de amor que tienes a tu disposición". El amor que sólo puedes concebir dentro de ti es cuando te preparas para aceptarlo y buscarlo. Por eso insisto, no todas las personas se detienen en esto, ni son consciente de ello, hasta a algunas ni les importará que tan grandioso puede llegar hacer el amor por uno mismo. (Mandel, 1997, p.109).

Y es que el amor en sí mismo refleja autoestima, gratitud, perdón, aceptación, es cuando tus pensamientos están alejados de algún resentimiento de culpa o tristeza. Porque amarse permite avanzar hacia lo que se quiere, reconociendo que allí se estará en mayor bienestar, plenitud, gratitud y curación; y eso es amor por uno mismo, dirigirse hacia el lugar donde se esté mejor, donde se esté más cómodo y completo.

El amor es el maestro de la limpieza. El amor quiere expulsar todo tu dolor y tu desgracia y hacer que te vuelvas a sentir completo. Sin embargo, cuanto más amado eres, más emergen tus sentimientos. (...). (Mandel, 1997, p.58).

Este autor afirma que el amor es tu maestro, es la guía que tenemos para darnos cuenta de que lo que sentimos tiene el poder de expulsar lo que definitivamente nos hace daño. Es como medidor del bien y el mal. Si algo nos causa dolor, nos cura dirigiendo nuestras decisiones de la mejor manera posible, la mejor manera que podamos obtener de eso. Por ello, se pudiese concebir como relevante el conocimiento de la inteligencia emocional debido a que ponerlo en práctica condicionará a la persona más a lo racional; entendiendo que el amor también nos puede engañar sólo para hacernos sentir bien, concibiendo una respuesta únicamente desde lo emocional y no desde lo racional.

Mandel (1997) al hablar de amor y sus emociones manifiesta la necesidad de perdonar para ubicar a la persona bajo sentimientos y pensamientos de amor.

> Cuando el perdón sustituye al resentimiento en tu corazón, comprobarás que te sientes cada vez más agradecido. La gratitud es, sencillamente, dar las gracias por tu vida – por el amor, por el placer y por las oportunidades de crecer. ¡Cuanto más agradecido seas, más motivos tendrás de estar agradecido! No vivas una vida de pesar, de amargura y de remordimientos. Enfoca el ojo de tu mente sobre la riqueza de tu vida. (Mandel, 1997, p.66)

El amor es valorar esa riqueza de la vida y vivir agradecido. Desde el comienzo se hablaba de que el amor lo es todo, y no un sólo sentimiento que llegamos a sentir por una persona, por un logro o por una vivencia.

> *"Amarse a uno mismo es el comienzo de un eterno romance: Este romance es con la pareja, los amigos, el trabajo y la vida misma. Un círculo mágico se crea. Cuando yo vivo en armonía conmigo mismo, lo proyecto en todo lo que me rodea".*
> Oscar Wilde

Otra señal de amor es al sentir alegría, expresa Dyer (2006, p.329), en su libro *La fuerza del espíritu* que cuando "has entrado en las frecuencias inferiores más lentas y has dejado atrás el espíritu es que experimentes menos alegría. Si no estás radiante de felicidad, si pones mala cara, si te cuesta sonreír y estar de buen humor es una carga, y no estás rebosante de amor por toda criatura y todo ser, una cosa es cierta: no conoces a Dios."

Sembrar alegría es lo que pudiese resumir la afirmación del autor, quien además anuncia la petición de San Francisco de Asís de sembrar alegría donde haya tristeza, es en otras palabras como refiere Dyer (2006) llevar a Dios donde haya tristeza, porque encontrar la felicidad también es en parte dar alegrías a otros. De hecho, el autor menciona que una forma segura de encontrar felicidad y alegría es dedicarse a ser feliz a otros.

Un concepto no tan descabellado porque en muchas ocasiones hemos de tomar decisiones y riesgos para dar muestra de nuestro amor. Buscar ingresos extras puede demostrar el amor por la familia al pensar que ese dinero les favorecerá a los hijos. Igualmente, cuando una madre prefiere sacrificar el tiempo de cuidado de su bebé para estudiar y trabajar también es muestra de amor por su familia, por el hecho de pensar que su profesión ayudará en las cosas del hogar.

Algunos de nosotros tenemos muchas veces los sueños de hacer sentir bien a los demás, por lo que algunos encuentran tan satisfactorio hacer algo que favorezca a otros, lo que contribuye al propio bienestar y felicidad de la persona, y es que ¿quién no se siente alegre cuando ayuda y sin compromiso? No obstante, se debe recordar que las metas deben ser personales y que esa alegría también se manifieste en los objetivos propios porque ayudarte a ti también es amor por los demás.

"Sólo hay una razón por la que no experimentas alegría en este momento, y es porque estás pensando, o te estás concentrando, en lo que no tienes'... la tristeza

es la costumbre de vivir viviendo en el mundo desde la
perspectiva de la carencia, pensando constantemente
en que no se tiene lo suficiente de lo que se quiere, como
dinero, salud, amor, amigos o incluso tiempo libre".
(De Mello, c.p. Dyer, 2006 p.330)

Uno de los grandes altibajos que se experimentan en esa entrada de la adultez es, desde mi punto de vista, ver el mundo desde la carencia, poner la balanza desde lo que no se tiene, lo que reduce de manera indiscutible tus pensamientos positivos y los sentimientos de amor, alegría y felicidad. Cuando te está consumiendo el día a día en el trabajo, irremediablemente te bajas a esa atmósfera de tristeza, si no se trabaja por mantener ese estado mental, la rutina es fuente de desmotivación y tristeza. El coaching ha sido una herramienta que muchas personas buscan porque les permite ver todos los ángulos, no te limita a lo que no tienes sino que al estar enfocado en el crecimiento, siempre serán más tus puntos fuertes y la perspectiva de lo que tienes en vez de los que no, lo que contribuye a mantener tu estado de alegría y bienestar.

"La alegría (...) es una manera de ver el mundo desde la perspectiva de lo que tienes y de lo que está bien. Las personas alegres disfrutan con sus talentos y poderes y no se comparan con nadie. No están intimidadas por las posesiones y poderes de nadie. La alegría viene de disfrutar con lo que eres, con lo que tienes, con lo que puedes ser y por saber que eres divino, una pieza de Dios." (Dyer, 2006 p.330).

Se feliz

Al igual que el amor, la felicidad es tan sublime, que siempre queremos alcanzarla: cuando llega se disfruta, se goza, se mantiene, se valora y se brinda.

Que maravillosa y rara es la especie humana porque cuando se está feliz se quiere que todos estén felices debido a que se hace tan inexplicable que es más fácil compartirla y que la otra persona la experimente, que explicarla.

Definir la felicidad ya nos advierte muchas diferencias debido a que en su comprensión se encierran muchas características subjetivas, es decir, depende de cómo la hemos de concebir. Es muy subjetivo hablar de lo que es sentirse feliz, para unos como para otros, «así que, me he metido en problemas desde el inicio al mencionar algo tan controversial».

No obstante, la búsqueda del cambio personal encierra entre algunos aspectos el sentido de felicidad que le estamos dando a las cosas que vivimos. «¿Soy feliz en el trabajo?, ¿soy feliz en la casa?, ¿cuándo estoy feliz?, ¿qué me hace feliz?, ¿qué entiendo por felicidad?». El sentimiento de felicidad se genera en el camino cuando aceptamos donde estamos, cuando sabemos lo que queremos, sabemos incluso que lo vamos a lograr. Es por ejemplo, cuando una mujer está en embarazo y al describir esa fase de la vida lo hace tan rozagante y tan llena de vida, lo concibe como lo mejor que le ha podido pasar, se siente tan completa, sana, tan segura de sí, tan aceptada y tan feliz que sólo se puede pensar en que la ha invadido miles de células de felicidad.

Cuando experimentas alguna sensación como la descrita, en la que la persona se siente tan completa, esa sensación también es posible aprenderla, trabajarla y mantenerla, por lo que más que responder a las preguntas previa (no es cuestión de hacer tareas sino, como he mencionado) este libro propone un estilo práctico. Práctico referido a que puedas considerar escribir cada pregunta, dándole respuesta. Sentir felicidad no es lo mismo que comprender exactamente lo que es ni mucho menos cómo estar en sintonía de esa emocionalidad.

Responde:

¿Qué te hace feliz?

¿Qué te ha generado felicidad?

¿Qué entiendes por felicidad?

¿En qué momentos has sido feliz?

¿Cuándo mayormente te sientes feliz?

Explorar que pensamos nosotros mismos sobre interrogantes como *¿Qué me hace feliz?* Te lleva a comprender otras interpretaciones que de seguro no has considerado. Estar ejerciendo una carrera que te llena de dichas y de aprendizajes se pudiese considerar parte de tu alegría y felicidad, pero para quienes viven todo lo contrario, en el que el indicio sería no querer ir a trabajar. Puede la persona en este caso no estar consciente de las respuestas que él mismo tiene acerca de lo que entiende por felicidad, al menos en el ámbito laboral.

Seligman (2003, párr. 1), psicólogo y escritor norteamericano, afirma que "el público estadounidense y la mayoría del resto del mundo creen que la felicidad es igual a placer. Una vida que maximiza la cantidad de sentimientos positivos y minimiza la cantidad de negativos es una vida feliz".

Es decir, la felicidad está compuesta por incrementar fuerzas positivas y reducir las fuerzas negativas, éstas que también son fuerzas y están allí enfrentándose para arrojar sentimientos negativos. La pregunta es cómo saber impulsar mis fuerzas positivas o sentimientos positivos.

En otras palabras se quiere dar a conocer que mientras las personas conozcan que les hace estar bien, pueden incrementar esas acciones positivas y estar en estado de plenitud, por eso es importante tus respuestas anteriores, se habla de que ese estado mental se puede aprender y mantenerse; es decir, la felicidad también se aprende o mejor dicho, se puede aprender a estar feliz.

> La vida placentera puede encontrarse tomando champán y conduciendo un porsche, pero no la buena vida. Yo diría que la buena vida consiste en emplear las fortalezas personales todos los días para lograr una buena felicidad auténtica y abundante gratificación. Es una actividad que puede aprenderse a desarrollarse en cada uno de los ámbitos de la vida: el trabajo, el amor y la educación de los niños. (Seligman, 2003, p.30).

Incrementar las actividades relacionadas con las fortalezas personales (principales) y acceder a ese conocimiento de las cosas que nos hacen ser personas felices y alegres, llenarán tu vida de sentimientos positivos y harán presentes esas emocionalidades. Este autor ha dispuesto una página web para que las personas puedan a través de un cuestionario conocer sus principales fortalezas personales y así desarrollar mayor conocimiento sobre sí mismo. Acuérdate que conocerte contribuye al crecimiento y cambio personal, el reconocer tus fortalezas te ayudará a ese aprendizaje y autodescubrimiento.

La página oficial es http://www.authentichappiness.com; está en idioma español y en otros 5 idiomas; así que puedes buscar tus fortalezas a través de este cuestionario, reconocerlas e ir reincorporándolas en tu día a día. Allí también puedes encontrar otros cuestionarios para autoconocimiento; en este caso me refiero al *Cuestionario VIA de Fortalezas Principales*, en las que se evalúa las 24 fortalezas personales.

A continuación enunciaré, a modo de referencia, las 24 fortalezas personales que definió Seligman, que están relacionadas con lo que podemos realizar todos los días para ser felices:

Fortalezas Personales

Creatividad, ingenuidad y originalidad	Ecuanimidad, equidad y justicia
Tenacidad, diligencia y perseverancia	Amabilidad y generosidad
Perspectiva (sabiduría)	Autocontrol y auto-regulación
Juicio, pensamiento crítico y apertura de mente	Espiritualidad, sentido y fe
Inteligencia social	Ilusión, entusiasmo y energía
Honestidad, autenticidad y genuinidad	Capacidad de amar y ser amado
Liderazgo	Cuidado, prudencia, y discreción
Deseo de aprender	Gratitud
Aprecio de la belleza y la excelencia	Esperanza, optimismo y visión de futuro
Ciudadanía, trabajo en equipo y lealtad	Perdón y misericordia
Curiosidad e interés en el mundo	Sentido del humor y diversión
Valentía y valor	Modestia y humildad

Las fortalezas personales se deben conocer a modo de poder utilizarlas con la mayor frecuencia posible en los principales ámbitos de la vida: trabajo, familia, pareja, etc., como define el autor para aumentar el nivel de emotividad positiva y sus gratificaciones.

Cuando una persona se siente completa haciendo algo en específico, o responde de cierta manera frente algo, es importante reconocerlo puesto que se considera que será de mayor provecho cuando se sepa exactamente qué es ese algo que la hace feliz, y así la persona pueda considerarlo más a menudo para su bienestar y auténtica felicidad.

Cuando se habla de emotividad positiva o emociones positivas, Seligman (2003), las refiere en tres tiempos: presente, pasado y futuro. Las emociones positivas (pasado): satisfacción, orgullo y serenidad.

Las emociones positivas (presente) se dividen en dos categorías, placeres y gratificaciones: los placeres son los corporales y los superiores. Los corporales se dan a través de los sentidos: como los sabores deliciosos, el calor y el orgasmo. Los superiores se refieren a la satisfacción, dicha, gozo, éxtasis, alegría. En cuanto a las gratificaciones son aquellas derivadas de las actividades que nos agrada realizar. No son sentimientos sino actividades: leer, bailar, mantener buenas conversaciones. Por último, están las emociones positivas (futuro), como optimismo, esperanza, confianza y fe. (Seligman, 2003).

Todas las emociones positivas son sentimientos subjetivos a diferencia de las gratificaciones que provienen de actividades que se realizan y te hacen sentir bien. "La felicidad no se limita a conseguir estados subjetivos transitorios. La felicidad también consiste en pensar que la vida que vivimos es auténtica. No se trata de una opinión meramente subjetiva, y la 'autenticidad' implica el acto de obtener gratificación y emociones positivas gracias al desarrollo de las fortalezas características personales, que son las vías naturales y duraderas hacia la satisfacción". (Seligman, 2003, p.347).

> La vida placentera se halla marcada por el éxito en la búsqueda de emociones positivas y complementadas por el desarrollo de aptitudes necesarias para multiplicar tales emociones. La buena vida, en cambio, no consiste en aumentar al máximo la emotividad positiva, sino en emplear de forma satisfactoria las fortalezas características a fin de obtener abundantes gratificaciones auténticas. La vida significativa posee un rasgo adicional,

que consiste poner las fortalezas personales al
servicio de algo que nos transcienda. Vivir estas
tres vidas es vivir una vida plena. (Seligman,
2003, p.327).

Hemos visto como las emociones positivas están dividas
por tiempo, algunas de ellas se diferencian por ser
gratificaciones y otros placeres. En torno a ello, lo esencial
es reconocer como afirma Seligman que una vida feliz no es
solamente sentir que le damos a la vida misma sino el poder
emplear nuestras fortalezas diariamente, que en definitiva
responden a nuestro propio bienestar. Por ejemplo, comer
un particular chocolate puede responder a esa emoción de
placer del presente que te genera felicidad, también se me
ocurre que al establecer un plan de negocios que repercute
en tu confianza y fe por los resultados, sumarán a su vez
mayor felicidad.

Es decir, conocer qué nos hace feliz y aumentar esas
emociones, desarrollarlas y duplicarlas nos hará una
persona llena de gratificaciones y emociones positivas.
En lo personal, he mencionado la lectura, también estuve
narrando sobre las herramientas esenciales donde la
persona puede ubicar aquellas que cumplan tanto en
generar emoción positiva como para generar satisfacción y
crecimiento personal.

Este capítulo, que expone temas tan controversiales como
amor y felicidad, sólo busca de manera sencilla atraerte
hacia el sentido que le das al amor propio y a la felicidad;
el poder concebir que son estados mentales que se pueden
trabajar, que la decisión y la perspectiva de estar en un
estado de alegría y felicidad o estar en otro estado de
tristeza e insatisfacción, solo dependerá más de ti y de lo
que quieras generar para tu vida que de las circunstancias,
entorno, o personas que te rodean, porque al hablar de
cambio es estar hablando de buscar estos preceptos y cómo
los interpretamos, es trabajar en ellos.

Seligman (2003), expone el conocimiento de 24 fortalezas personales para poder ampliar esta felicidad. Conocer lo que nos identifica, lo que nos gusta hacer y también lo que amamos hacer, propicia estar en una felicidad auténtica, porque tus sentimientos y acciones proveerán ese placer, satisfacción y gratificación de la vida.

Identificar las fortalezas que tienes para sentirte mejor todos los días es una clave de éxito. Una de esas fortalezas refiere la creatividad, por ejemplo: si resulta que tienes esa fortaleza entre tus cinco primeras, debes saber que el estar creando algo todos los días contribuirá a tu felicidad, desde hacer algo con las manos, un escrito, pensar en el diseño de algo, todo lo que conlleve a la creatividad estará generando un estado de bienestar.

Otro ejemplo que se puede exponer es acerca de la generosidad hay quienes tienen entre sus principales fortalezas el querer ser amables y generosos con los demás. Has escuchado a alguien decir que se encontró a un señor mayor y le ayudó a cruzar la calle o que estaba en el autobús y fue la única persona que cedió su puesto para que alguien se sentara. Entiendo que puede haber mucho de los valores en este ejemplo, pero en sí las personas que son de esa manera les hace sentir muy feliz ayudar a los demás, ser amables con los demás.

Hay personas generosas que lo tienen como fortaleza y estás acciones incrementan su bienestar. El autor manifiesta que todos tenemos muchas fortalezas pero cinco son las que más nos representan, y claro desarrollamos y manejamos otras cuando así lo demande la situación; por ejemplo, la fortaleza del perdón, seguramente no la desarrollamos todos los días para sentirnos bien sino cuando se necesite.

Ahora, conocer cómo puedes trabajar día a día por tu felicidad no te es indiferente. *Se feliz* con el autoconocimiento de tus fortalezas y aplicándolas día a día, es un aspecto que también te conducirá a un cambio personal, un cambio de pensamiento, porque *sólo conociendo tu Ser y lo que te motiva a ser feliz*, podrás ir detrás de lo que quieres hacer y tener. Ahora bien, hay que hacer el trabajo: entrar a la página, hacer el cuestionario, reflexionar sobre tus resultados y aplicarlos, como menciono la felicidad también se puede aprender pero únicamente haciendo la tarea, sino ¿cómo vamos aprender?.

La felicidad es en sí un juego de percepción entre las pequeñas cosas de la vida, del amor que le imprimes a cada situación, del amor que te entregas y te tienes y de pensamientos dirigidos a sentirte mejor. Sólo es feliz quien logra vivir a través de los momentos que dan alegría y aquellos que no tanto, porque saber manejar las emociones parte también de un principio de felicidad. El pintar, para una amiga fue una actividad de estímulo y motivación para superar una tristeza y que contribuía a su alegría. Es entre muchos otros aspectos, encontrar lo que nos hace sentir alegres.

¿Qué tan feliz eres? Es el inicio de un trabajo personal por encontrar lo que te hace sentir bien. Preguntas que te pueden situar en él ahora y te pueden ayudar a mejorar tu autoconocimiento; por ejemplo, descubrir qué piensas si hoy te dijeran que morirás en seis meses. Estoy segura que toda persona hará en seis meses todo lo que le haría feliz y haría feliz a quienes les rodea, no desperdiciaría su tiempo en cosas desagradables o que le son indiferentes. La meta es dejar de vivir con esas cosas que nos son indiferentes. ¡Arriésgate, busca lo que te hace feliz!

Ya no es la concepción acerca del dinero lo que se busca al hablar de felicidad, ya estamos mirando desde lo pequeño hacia lo más grande que podamos alcanzar, desde lo más único para cada uno de nosotros como las grandes cosas que podemos llegar a hacer; el tiempo u otras variables también pueden cambiar lo que te hace feliz, para algunos el compartir con seres queridos los llena de felicidad para otros hacer un gran proyecto profesional define su felicidad, reflexiona sobre tus ideas *¿qué te hace feliz ahora? y ¿cómo puedes lograr mantener esa felicidad?*

Se ha reconocido que la felicidad no está encerrada en términos materiales ni de lo que se tiene, los sentimientos se generan desde otros aspectos más sublimes. La felicidad ya no está tan concebida desde lo material, las personas han estado buscando los que les hace sentir bien, la imagen y reputación se han visto desplazadas por el sentido de felicidad y esa búsqueda del Ser. Las monarquías han tenido sus cambios, algunos casamientos motivados por el amor, al menos así se percibe. Personas que se enfrentan hasta en sus creencias por su propia felicidad, en términos religiosos se pudiese decir. No es entrar en la soberbia o la malcriadez de hacer lo que me dé la gana ni que se identifiquen con eso, es acercarnos a lo sublime, a lo que somos: comprender aquello que nos hace sentir plenos, llenos de amor y felicidad.

Hay muchas pruebas que hemos tenido en los últimos tiempos sobre lo que es actuar en busca de la felicidad. Aunque sabemos que para todos no es igual, algunos viven felices en ciertos momentos para otros felicidad es sinónimo de tener salud, trabajo y un hogar estable. En fin, la felicidad se disfraza de muchas interpretaciones como de los millones y millones de pensamientos que se pueden tener al respecto, lo que sí es un común denominador es comprender que la felicidad es cuando sientes que vale la pena vivir, luchar, trabajar, amar, bailar, respirar, no dejas de soñar que la felicidad también se aprende.

CAPÍTULO 7

10 Escritorios: un éxito

Un camino distinto...

Recuerdo que fueron incontables las veces que me dijeron que mis decisiones estaban erradas, que tendía a ser una persona muy negativa y que seguramente el problema era yo y no los trabajos ¡que incómoda era la inestabilidad! Esto llevó algunos años. Es decir venía y volvía, una y otra vez. Algunos valoraban mis ganas de no querer ser igual, porque ciertamente amaba mi profesión y mis espacios de trabajo, pero tenía presente que quería mucho más. Las vicisitudes, los cambios de trabajo, de jefes y compañeros, me movían de un lugar a otro, mis cambios eran volátiles, imprevistos, pero necesarios porque algo seguramente tenía que aprender de esas experiencias. Estuve algún tiempo observando y buscando a las personas que pudiesen ser fuente de motivación, quería modelar sus acciones y actitudes para lograr sus mismos resultados. Pero no me fue posible, no conocía mis habilidades, ni respetaba mi proceso de aprendizaje. Recuerdo que en una ocasión conocí un gerente con un estilo de gestión coercitivo y reconocí que el cargo y la remuneración ya ni me eran importantes. Luego de eso entendí porque algunas personas dejan sus empleos; pesa más un estilo gerencial que el resto de los beneficios de la organización, pesa más el no poderte desarrollar como profesional; que para mí eso era invaluable, no podía estar en un lugar sin aprender, sin evolucionar, que el mismo trabajo en sí. En fin, medir por qué te quedas o no en un trabajo, responderá a múltiples factores, porque para cada quien ha de ser distinto. Lo que si pude comprender fue que los trabajos no eran parte del cambio aprendí que lo externo siempre sería pasajero, y lo único estable y por el que debía trabajar era en mi espacio interior ¿qué me haría feliz? y ¿qué estaría dispuesta hacer para alcanzarlo? Ahora con mucha convicción digo que el mayor aprendizaje lo he tenido gracias a esa curiosidad por insistir en buscar más de lo que la vida me podía ofrecer, segura de que el error era mi forma de pensar y que el éxito radicó en encontrar lo que me hacía sentir plena y felizmente, y en cualquier ámbito: en lo personal, profesional, familiar, social y hasta en la relación sentimental. Mi éxito fue el recorrido por diez escritorios en los que en cada uno observaba modos de pensamientos. En un año calendario, tuve varios trabajos y en ellos pasé por 10 escritorios, ¡claro! éstos no corresponden a la cantidad de empleos, sino que algunos de ellos se debieron por haber estado en distintas divisiones. 10 escritorios en un año que resultaron siendo espacios de aprendizajes invalorables, como fuentes de enriquecimiento, tanto personal como profesional. Todo resultó en torno a que estaba en el hacer y tener, y no desde el Ser, y sólo el conocerse permite aprender a escucharte desde el interior y así lograr alinear tus sueños con tus acciones. Por eso considero que después de 10 escritorios, obtuve un gran éxito; lo que haces debe estar alineado con lo que quieres, con tus sueños sino muy pronto tus sentimientos te dirigirán a otra dirección.

"En el Aposento Alto, cuando Jesús estaba concluyendo su último día de ministerio con sus discípulos, Él les lavó los pies para darles un ejemplo y les dijo, *'Ahora que saben estas cosas, serán bendecidos si las hacen'*", esto lo expone Warren (2002, p.253), en su texto *La vida conducida por propósitos*, como aquel conocimiento que se adquiere para ponerse en práctica, utilizo esta frase de la Biblia para indicarle al lector que ya con el conocimiento de los propósitos de Dios serán bendecidos si los hiciesen.

A partir de este hermoso fragmento quisiera manifestarte que ya tienes algunas herramientas para el *Cambio Personal* y para que trabajes por lo que quieras lograr en tu vida, se te ha brindado cierto conocimiento para hacer del cambio y tu crecimiento personal una realidad. El autoconocimiento es uno de ellos, indagar acerca de lo que quieres y desde el Ser, es parte del crecimiento porque trabajar en ti es la más hermosa exploración que puedes llegar a hacer. Ahora, que conoces algunas herramientas y ejercicios que te brindarán mayor garantía de moverte hacia lo que quieres, serás bendecido si decides hacerlo por ti.

¡Si ya sabes que tienes que hacer y no lo haces, es tu decisión!

La decisión de comenzar el cambio sólo está en tus manos, por eso considero propicio comentarte algo especial: En este siglo XXI, que ya todo se ha dicho debido a que se ha venido trabajando de generación en generación para llegar hasta donde nos encontramos hoy, nos sirve de plataforma para no comenzar desde cero; el coaching ha surgido desde la base de la mayéutica socrática, que tenía como principio que el conocimiento se encontraba en el discípulo, seguido de Platón, quien con su diálogo platónico ha ayudado a que cada persona a través de preguntas pueda encontrar respuestas más idóneas. Es por ello que se ha de mencionar que esta fusión de conocimientos, disciplinas y teorías ha venido forjando esta herramienta llamada coaching y que está en el presente para todos nosotros, no es exclusiva, desde temas gerenciales a temas personales ya se han estado trabajando con el coaching, sólo falta tomar la decisión y tomar la mayor ventaja de lo que esta herramienta te puede ofrecer en cualquier área que te propongas alcanzar mejores resultados.

Ahora, comentaré un poco sobre el coaching, las bases del coaching y el rol del coach, como proceso de cambio y agente de cambio, respectivamente, en virtud de que puedas relacionarte un poco más con su esencia como herramienta frente al cambio y desarrollo personal.

Bases del Coaching

El *Coaching* tiene sus bases filosóficas desde Sócrates, quien se afianzó en el tipo de aprendizaje de la época, y proponía, con su "Nnosce te Ipsum" (conócete a ti mismo), a sus discípulos, que respondieran a una serie de preguntas para que éstos obtuvieran lo mejor de sí mismos:

> Nuestra metodología (Coaching) se basa en el Arte de la Mayéutica, a través del cual nuestro cliente encuentra su verdad o la verdad (dependiendo de la visión del mundo, propia del cliente), con una función práctica para su vida. Consideramos, así como Sócrates, que no existe el enseñar sino sólo el aprender, y éste surge sólo reconociendo que el conocimiento no está en el coach sino en los propios coachees (clientes). (Coaching Magazine, 2005, p.2)

Es entonces, como este filósofo fue pionero de la base que hoy sustenta el coaching, seguido de Platón, quien ofreció su estructura de diálogo, la cual respondía que entre preguntas y respuestas se podía llegar a un conocimiento profundo y propio.

Igualmente, otro de los filósofos que contribuyó al coaching fue Aristóteles, quien afirmaba sobre el alcance que puede tener toda persona de acuerdo a lo que desee, por un lado se encuentran las cosas que por naturaleza traemos consigo, que vienen desde el Ser, y por el otro, relacionado al deber ser, que vendría siendo lo que podemos desarrollar y alcanzar, es decir trabajar desde el ser al deber ser. (Coaching Magazine, 2005).

Asimismo, el coaching también se vio influenciado por la filosofia existencialista y la fenomenología, que "han sido las dos fuentes de influencia que consolidaron la Psicología Humanista, y ésta última ha influenciado en gran medida a la propia metodología del coaching". (Coaching Magazine, 2005, p.3)

El método fenomenológico de Edward Husserl también influyó en la esencia del coaching por su postulación acerca de abstenerse de prejuicios. (Coaching Magazine, 2005)

El pensamiento existencialista de Jean Paul Sartre, acerca de darnos cuenta y tomar conciencia de nosotros mismos, para replantearnos y tomar conciencia, y hacer nuestro proyecto de vida, también han formado parte los fundamentos que han influido en el coaching.

En época más reciente

El Coaching apareció hace miles de años en la antigua Grecia y más recientemente volvió a ser nombrado a mediados de los años 70, cuando Timothy Galway se dio cuenta de que el peor enemigo de un deportista era su propia mente así que desarrolló una serie de libros para ayudar a superar bloqueos y obtener un mayor rendimiento.

Desde el comienzo el método mostró resultados sorprendentes y se empezaron a montar escuelas deportivas bajo su obra *The Inner Game*. Dos de ellas en Europa a cargo de John Whitmore, quien después de un tiempo logró adaptar exitosamente el procedimiento al medio empresarial inglés y dio origen a lo que hoy se conoce como Coaching empresarial. De ahí fue sólo un paso para que llegara al ámbito personal. Sin embargo, el modelo actual se le atribuye a Thomas J. Leonard, a quien se le reconoce mundialmente como el padre del Coaching Moderno. (Coaching Magazine, 2005).

¿Qué es coaching?

Existen muchas definiciones sobre Coaching, alrededor de su injerencia en los demás ámbitos y no sólo en el deporte;

teóricos han desarrollado muchas acepciones de acuerdo al ámbito en que este se desarrolle, si es organizacional la definición estará vinculada al desarrollo de competencias, sucesivamente. Algunos autores lo definen como una herramienta gerencial y personal para el cambio, otros como Chevalier (2001), consideran el coaching como un estilo de liderazgo, Hall (2010, p.13), lo asume como "la tecnología de autoactualización del siglo XXI".

También, es entendido como un "arte", así lo define Castro (2012, p.11) en su texto *Coaching en acción*: "El Coaching es el 'arte' de acompañar a las personas a mejorar su calidad y eficacia de vida personal, profesional o social". Entendiendo arte, según la perspectiva de la autora, como "sinónimo de competencia, habilidad, capacidad, destreza, maestría, pericia o talento"

No obstante, describir las muchas acepciones existentes acerca de coaching sería un poco abrumador para el lector, lo que nos interesaría acordar en esta oportunidad es la comprensión más idónea respecto a este tema, por lo que su definición la asumiremos según la interpretación de Zeus y Skiffington (2002), quienes refieren que:

> El coaching es esencialmente una conversación, es decir, un diálogo entre un tutor (coach) y un pupilo (coachee) en un contexto productivo y orientado a los resultados. El coaching consiste en ayudar a las personas individuales a acceder a lo que saben. Es posible que nunca se hayan formulado las preguntas, pero tienen las respuestas. Un tutor asiste, apoya y anima a los individuos para que encuentren sus respuestas. (Zeus y Skiffington, 2002, p.3).

Estos autores también advierten que "el coaching entraña aprendizaje", y "está vinculado con el cambio y la transformación, con la capacidad humana de crecer, alterar comportamientos mal adaptados y generar nuevas acciones satisfactorias". (Zeus y Skiffington, 2002, p.4).

Es por ello que el coaching trabaja con la parte sana de las personas, se dirige siempre al futuro, a los resultados, partiendo desde donde se encuentra el cliente hacia dónde quiere llegar la persona, reforzando y trabajando por el desarrollo de ciertas habilidades y capacidades; en el ámbito personal su trabajo mide el equilibrio entre todos los ámbitos e igualmente está orientado a sacar lo mejor de la persona para lograr el objetivo que así se proponga. De hecho, si se debe manejar algo del pasado, trabajar alguna situación con terapia lo resolverá un profesional al respecto. El coaching trabaja desde el presente hacia el futuro.

¿Qué es un Coach?

Se reseña que la historia del coach comienza en la ciudad de Kocs de Hungría y se remonta a los siglos XV y XVI. Allí se comienza a popularizar los viajes entre Viena y Pest, con un tipo de carruaje diferente al tradicional, lo que se convirtió en referencia de los viajeros, llamándose al vehículo que utilizaban para trasladarse de una ciudad a otra, carruaje de kocs. (Coaching Magazine, 2005)

De esta forma, la palabra coach (coche) es de origen húngaro, destinada a nombrar un vehículo que es jalado con animales para llevar a personas de un lugar a otro. Es así como este término significó en alemán kutsche, en italiano cocchio y en español coche. Asimismo, se ha de resaltar que algunos autores consideran que la palabra coach proviene del francés, tal es el caso de autores como Duhne, Garza y Quintanilla (2011).

En lo que sí coinciden es que el coach, en analogía con su procedencia, transporta a la persona de un lugar a otro, es decir "el coach es el medio usado para que una persona se desplace hacia un estado de más capacidades". (Duhne et al., 2011, p.15).

Se menciona "capacidades" porque los autores lo dirigen a un ámbito más de coaching ejecutivo, sin embargo es muy amplio el resultado, puede llegar hablarse de un estado de mayor potencialidad, estrategias, etc., lo que permite comprender es que dirige a la persona a un *Estado Deseado*; bien sea adquiriendo resultados con el desarrollo de habilidades, incorporación de estrategias, toma de conciencia, logro de metas, resultados en el ámbito financiero, etc.

El rol de un coach

"El *Coach* no es en sí un asesor, consultor o entrenador, ya que no siempre tiene los conocimientos de la tarea que el otro requiere realizar. El coach no dice qué se tiene que hacer, sino que facilita el cambio de la persona, para que ésta se haga cargo de su reto". (Duhne et al., 2011, p.24).

> Quisiéramos hacer las cosas de otra manera, pero simplemente no sabemos cómo hacerlo. El problema no está en que no nos damos cuenta de que nuestras acciones son ineficaces. Lo sabemos. El problema reside en que no logramos romper el círculo que nos lleva a repetir esos resultados negativos. No logramos ni siquiera detectar qué es aquello que hacemos mal, aquello que compromete negativamente nuestro desempeño. (Echeverría, 2003, p.96).

Este texto explica a grosso modo cómo la persona puede estar al tanto de querer hacer algo diferente pero no sabe cómo lograrlo, o por el contrario, sabe que hacer pero quiere resultados distintos. Parte del trabajo del coach es observar lo que hace la persona y hacerle ver los obstáculos que imposibilitan los resultados.

"La tarea fundamental del coach es precisamente la de facilitar la identificación y disolución de aquellos obstáculos que limitan la acción y el aprendizaje". (Echeverría, 2003, p.97).

Por tanto, el coach "facilita, hace preguntas, cuestiona interpretaciones, muestra distinciones, sugiere la posibilidad de ejecutar determinadas acciones, ayuda a visualizar o diseñar diferentes alternativas, pero quien toma las decisiones en rumbos de acción siempre es el coacheado". (Duhne et al., 2011, p.24).

De acuerdo a esto el rol del coach se asume como un *facilitador* durante un proceso de cambio; es decir, no es ni un amigo para conversar, ni mago que te conseguirá lo que quieres en uno, dos y tres, y menos terapeuta para resolver problemas del pasado. El coach te brinda la oportunidad para que vayas a tu *Estado Deseado*, en cualquier ámbito que te propongas, pero como dicen los autores la decisión es de la persona, al igual que la acción y el compromiso.

El *compromiso* es uno de los aspectos más indispensables para todo cambio o proceso de coaching, por eso se habla de que el coaching debe ser hecho bajo la voluntariedad de la persona, no puede haber coaching si la persona no está dispuesta. En este sentido, el cliente siempre buscará al coach y no el coach al cliente.

Es el cliente que desea lograr sus objetivos, obtener mejores resultados, trabajar por algo diferente en su presente y no al revés. Es decir, el éxito de todo coach radica en el éxito del coachee, es el éxito del cliente lo que realmente interesa en todo proceso de coaching porque el coach brinda el espacio como facilitador para el cambio y logros del cliente, en el que sus resultados y aprendizajes serán el éxito del proceso de coaching.

CAPÍTULO 8

¿Qué tan feliz eres?

Existe un cuento sobre un Rey que al descubrir que sus plantas se estaban muriendo comenzó a preguntar en el jardín por qué aquello estaba sucediendo. Las plantas comenzaron a explicarle: yo siendo roble me muero porque no puedo ser más alto que el pino, el pino decía que se moría porque no podía dar uvas como la vid, y la vid se moría porque no podía dar rosas, pero el Rey vio a una Fresia que florecía y le preguntó ¿cómo es que ella si podía estar saludable? la Fresia respondió que si él hubiese querido un roble, hubiese planteado uno, así que partiendo de eso, la Fresia dijo que intentará ser Fresia de la mejor manera que pueda. (Martínez, (s/f).

Este cuento nos hace recordar que somos únicos y que lo que podemos hacer es *Ser uno mismo,* cada persona tiene su esencia y la hace única; tiene un propósito único en la vida y la hace diferente a otra ¿De qué nos sirve pretender ser otra persona?

Me inspiré en colocar este texto porque recuerdo en muchas ocasiones estar midiendo mis metas, mis logros, mi personalidad con los demás y me hacía sentir inferior, hasta el momento que pude comprender y regocijarme que era naturalmente más hermosa y feliz siendo y aceptándome como era, Irina. Como dijo la Fresia, intentaré ser Fresia de la mejor manera que pueda, ahora expreso «Intentaré ser Irina de la mejor manera que pueda»

"Tú te puedes proporcionar esa felicidad
acogiendo y aceptando las cosas
que hacen de ti un ser único y especial."
(Hay, 2007, p.74)

Comienza con esta sencilla tarea de *Ser tú mismo*, mostrando lo que eres y sientes, y no sólo lo que haces y tienes. Una manera para conocer más el Ser, lo hemos venido describiendo en el texto, conocerse a uno mismo, es parte de ello porque te permitirá comprender quién es esa persona que ahora mismo está leyendo esto: desde conocer tu temperamento, valores; saber la emocionalidad que más reconoces; ser consciente de lo que más deseas; lo que te hace soñar, reír o llorar; lo que estás dispuesto a alcanzar; ser consciente de dónde estás y hacia dónde te diriges, hasta conocer como aprendes mejor, si leyendo o escuchando; reconocer tu representación sensorial predominante. Son aspectos que dejan ver claramente tu Ser, lo que está dentro de ti. Igualmente, te permitirá abrir el camino hacia un mundo en tu interior que jamás dejarás de *explorar*.

"Lo más importante en este mundo
no es dónde estamos sino en qué dirección
nos vamos moviendo".
Oliver Wendell Holmes

Miedaner (2002, p.212), en su consejo numero 58 denominado *encuentra tu camino en la vida* de su texto *Coaching para el éxito*, relata que "las personas que saben lo que quieren en la vida, que tienen una estrategia, una visión, un propósito o un objetivo, son más prosperas y afortunadas que las que no lo saben. Si tienes un propósito, una dirección a seguir, atraerás a gente que tiene interés en ir en esa misma dirección".

Pregúntate:

> ¿Cuál es tu propósito en la vida?
> ¿Para qué estás aquí?
> ¿Qué es lo que debes lograr y aprender?
> ¿Qué te dice tu alma, tu corazón, que hagas?
> Escribe una declaración donde especifiques tu
> propósito en la vida. (Miedaner, 2002, p.212).

Ahora bien, como ya conoces el coaching como proceso de *Cambio*, que ayuda a la persona justamente a dirigirse hacia sus metas y sueños. Sin embargo, existe una manera de comenzar un *Cambio* y viene siendo a través del autoconocimiento, una reflexión que puedes ir obteniendo a través de respuestas a ciertas preguntas que he considerado útil para ti. (ver anexo A)

Autocoaching

Ciertamente, el autocoaching ocurre cuando el coach también gestiona un proceso de coaching consigo mismo para indagar aún más sobre un tema, es parte de seguir su autodescubrimiento. O'Connor y Lages (2004, p.201), afirman que "el buen coach se conoce a sí mismo. Tiene claro sus objetivos y los valores que lo motivan. Tiene diseñado un plan de acción (...)".

"El buen coach es curioso consigo mismo y sobre lo bueno que puede llegar a ser". Ahora bien, este libro te ha permitido llegar a esa curiosidad sobre ti mismo, tan sólo imaginas si ¿pudieses saber cómo lograr lo que más deseas, lo harías? Yo me atrevo a decir que sí; es por ello que este apartado, sobre autocoaching, reconociendo que su definición se acerca más al coach cuando trabaja sobre sí mismo, permitirá que sirva de base para todo tipo de persona que desee comenzar ese *autodescubrimiento*. O'Connor y Lages (2004, p.202).

¡Gracias por dedicarte un hermoso tiempo para ti! quiero invitarte a que tomes un valioso espacio, puede ser una noche tranquila, con una luz de vela ¡regálate ese momento, mira que nos cuesta mucho dedicar el tiempo para nosotros mismo! Allí sabrás el compromiso que tienes con tu cambio: escribe, escribe, escribe lo que quieres, la comunicación verbal sirve pero la escrita queda para el mañana y en estos momentos es de vital importancia que tengas escrito lo que deseas (Ver anexo A). Te animará reconocer y seguir viendo el sueño que está dentro de ti, además estoy segura que te estarás acercando más a Dios, es ser consciente y tener el compromiso de hacerlo.

Recuerda que el compromiso es tuyo así como tus resultados.

¡*Escribe*! ¡*Tú decides*!

Rueda de la Vida

Escuchar lo que quieres lograr forma parte de ese autoconocimiento que guiará tus próximos pasos, el responder a las preguntas anteriormente señaladas abrirá un abanico de opciones de lo que quieres en la vida.

No obstante, una herramienta que puede muy bien sustentar la conciencia de dónde estás, es la rueda de la vida. Ésta te permitirá tener un balance sobre las áreas que más desees trabajar. Reconociendo aquella que no sólo necesites o pienses trabajar sino aquella que impactará también el resto de las demás áreas de tu vida.

A continuación, les comentaré el ejercicio de *Rueda de la vida*, expuesto por Castro (2012). Para realizar esta hermosa herramienta:

1. Debes responder ¿qué áreas deseas trabajar? ¿si puede haber otra por la que debes trabajar? ¿si le preguntamos a otras personas cuál área te indicarían

que trabajaras? ¿Cuál área haría la diferencia en tus resultados si la trabajaras?

2. Hacer una rueda que refleje estas áreas, por ejemplo:

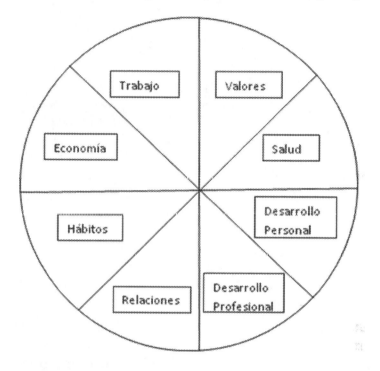

Fuente: Castro, 2012, p.27.

3. Una vez establecidas las áreas debes calificar cada área del 1 al 10, siendo el uno lo menos satisfecho que percibes de área. Observar los números colocados, hacer un análisis y comprensión de lo que puedes observar de la rueda. Luego preguntarte: ¿Qué te gustaría mejorar? ¿en qué área te gustaría trabajar más?

4. Desarrollar metas medibles de acuerdo a lo que se quiera lograr.

En la rueda se han de considerar otros aspectos como el punto de impacto y el punto de palanca.

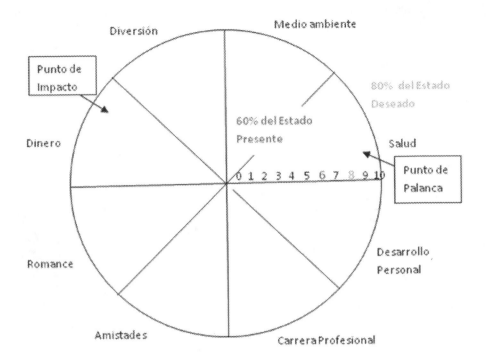

Fuente: Castro, 2012, p.28.

Establecer ambos puntos será necesario para favorecer más los resultados en cuanto a lo que se debe trabajar en la rueda de la vida. Por ejemplo preguntarse ¿cuál área de trabajarse al menos cuatro actividades podrá ser motivadora para seguir trabajando en las otras áreas?, ¿qué área al trabajarse puede ocasionar mayor impacto en toda la rueda? Luego escribe las metas medibles en tiempo.

Metas

> *"Trazar tus metas es una forma de mantener tu mente en las cosas que deseas y lejos de las que no deseas".*
> (Hill y Ritt, 2011, p.111)

¡Escríbelas! Punto.

Es todo lo que realmente debes hacer con tus metas *¡Escribirlas!* En una ocasión escuché una persona que le decía a otra «Lo que recuerdo de ti, es que querías estudiar en el exterior, luego de que terminaras tu curso o el diplomado que creo estabas haciendo; la persona respondió: era lo que quería ciertamente, ya ni me acordaba de eso».

No quiere decir que la persona no fue a estudiar al extranjero porque no lo escribió; lo que si se pudiese interpretar es que no trabajo en busca de lo que quería. En este punto y tras haber respondido las preguntas previas, ya tienes un conocimiento acerca de cómo te sientes y lo que quieres hacer de hora en adelante. Pero no basta con saber y no actuar.

La primera acción cuando se habla de *Cambio* y de dirigirnos hacia donde queremos estar o lograr, es estableciendo Metas. Posterior a la meta, se deberá acentuar en los pasos para lograr esa meta, los recursos con los que cuentas o quisieras buscar para alcanzarla. No obstante, te pregunto *¿Cuál es tu meta? ¿Qué quieres lograr?* Sé específico, escríbela.

Es un *Cambio* ¡Si! Desde el momento que comiences a pensar sobre lo que quieres lograr desde el Ser, comenzará un cambio y ¿sabes por qué? Porque te has movido desde un punto de inercia actual (despertar- ir a trabajar- comer- regresar- estar con la familia- dormir), hasta un punto de compromiso contigo mismo, de conocerte e ir por lo que realmente sueñas.

Representado gráficamente sería algo así:

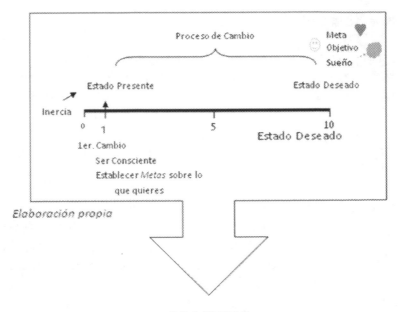

Elaboración propia

COACHING

"Los objetivos son sueños con piernas, van a alguna parte. Cada decisión que tomamos en la vida conforma nuestra propia realidad. (...) nos movemos constantemente desde el estado presente hacia un estado deseado. En el momento en que no estamos satisfechos con lo que tenemos, partimos de viaje hacia algo mejor." (O'Connor y Lages, 2004, p.71)

Mejores palabras que las que ofrecen estos autores para describir los objetivos no pudiese haber; igualmente están tus metas que "son sueños con piernas queriendo ir hacia alguna parte". Por otro lado, al continuar hablando de metas se debe distinguir que existen dos tipos de metas, según Whitmore (c.p. Castro, 2012), la *meta final,* que consiste en tener motivación para lograr algo pero el resultado depende de alguien más, como querer ser promovido para cierto cargo, no dependerá la decisión de ti, sólo podrás trabajar lo correspondiente para lograrlo pero el resultado no vendrá de ti. También está la *meta de desempeño,* aquella en la que se trazan los pasos para alcanzar algo.

Aunque, Castro (2012), no se refiere a la motivación en la meta de desempeño, es este tipo de meta, que pudiese estar más vinculada a lo que nosotros queremos lograr. Dependerá de la propia persona alcanzarla de acuerdo a los pasos que se escojan, y eso es lo grandioso, que no dependerá de un tercero para lograrlo, sino de tus acciones y compromiso.

"Quienes no consiguen alcanzar sus metas generalmente se han dejado vencer por la frustración, han permitido que esta les disuadiera de emprender las acciones necesarias que se hubieran servido para avanzar hacia la consecución de sus deseos. Para pasar esa barrera hay que combatir la frustración, hay que tomarse cada revés como una realimentación de informaciones que sirve para aprender y hay que seguir empujando".
(Robbins, 2011, p.427)

Igualmente, hay ciertos puntos para establecer metas, para que éstas sean viables y consistentes: Castro (2012), nos señala ciertas características valiosas para establecer metas, algunas de ellas corresponde a que las metas: deben ser medibles, deben ser específicas, realistas, divididas en etapas, oportunas, desafiantes, ecológicas, referidas a que deben ser inofensivas para el entorno, y desarrolladas en positivo.

Sólo faltaría agregar que la meta debe ser personal «Mi meta es que mi hijo se gradúe» esa sería la meta del muchacho y no de la persona que la emite. La meta impersonal, sí existiese como la del ejemplo, no brinda nada; no puedes trabajar sobre una meta de otro, al menos que asistas a clases por él.

Una cosa es proponerse metas compartidas, que muy bien pudiesen ser hechas por una pareja «comprar una nueva casa», lo cual representa una corresponsabilidad de ambos y un sueño mutuo, otra muy distinta es adjudicarse metas de otras personas que estarán fuera de tu alcance, porque puedes ayudar al muchacho en las asignaciones pero que logre graduarse, sólo dependerá de él.

Hill y Ritt (2011, p.112) ofrecen en su texto *Las claves del pensamiento positivo* una fórmula simpática para trazar metas a través del acróstico de la palabra DESEAR.

D etermina ¿Qué deseas?

E valúa ¿Qué darás a cambio?

S elecciona ¿Cuándo obtendrás lo que deseas?

E specífica. Haz un plan ¿Qué harás de una vez?

A diario. Leer lo escrito una y otra vez.

R epite tu plan al escribir paso a paso.

> *"El éxito lo alcanzan quienes lo intentan.*
> *Donde no hay nada que perder al intentarlo*
> *y mucho que ganar si se tiene éxito,*
> *inténtalo a toda costa... ¡Hazlo ya!".*
> (Hill y Ritt, 2011, p.113*)*

Comienza a trazar las metas que más te hacen DESEAR un cambio y alcanzar lo que más anhelas. Sólo recuerda ¡Escríbelas! Al escribirlas podrás focalizar con mayor precisión lo que quieres lograr y los pasos para hacerlo. Igualmente, la ayuda de un coach facilitará el poder determinar la meta que deseas trabajar.

> *"La mayoría de las personas no planean fracasar;*
> *Fracasan por no planear".*
> John L. Beckly

El propósito de tu vida

Si quiere que su vida tenga impacto, ¡enfóquela! Deje de andar metiéndose en todo. Deje de tratar de hacerlo todo. Recorte incluso las buenas actividades y haga solamente lo que más importa. Nunca confunda la actividad con la productividad. Puede estar muy ocupado sin un propósito, ¿y eso para qué? Pablo dijo, *'Mantengámonos enfocados en esa meta, esos de nosotros que queremos todo lo que Dios tiene para nosotros'*. (Filipenses 3:15, c.p. Warren, 2003, p.27).

Darse cuenta para qué estamos aquí planeando metas, estudiando, ir tras un sueño; no tiene sentido si no lo llevamos al plano de la espiritualidad. Seas o no religioso, la pregunta que nos hemos hecho en alguna oportunidad ha sido *¿cuál es nuestro propósito en la vida?* Y tu respuesta será en torno a algo que va más allá de lo físico y terrenal, me pregunto entonces de qué estaremos hablando.

Este autor manifiesta que "la manera en que ve su vida moldea su vida *¿Cómo define la vida determina su destino?* Su perspectiva influirá cómo invierte su tiempo, gasta su dinero, usa sus talentos y valora sus relaciones". Esto quiere decir que cómo ve la vida así será su vida: el autor señala que hay muchas respuestas, algunos se la identifican como un "campo de minas", "una sinfonía", "un carrusel: a veces bajas y a veces sólo das vueltas y vueltas" o "la vida es un juego de cartas: tienes que jugar la mano que te dan." (Warren, 2003, p.34).

¿Cómo ve usted la vida? Puede que esté basando su vida en una metáfora errada de la vida. (...), La Biblia dice, *'No se conformen a las normas de este mundo, sino que dejen que Dios los transforme internamente por medio de un cambio completo de sus mentes. Entonces serán capaces de conocer la voluntad de Dios'*. (Romanos 12: 2, c.p. Warren, 2003, p.35).

Es por ello que el autor advierte sobre su "tácita metáfora de la vida" debido a que puede influir más de lo que usted piensa. Debido a que "determina sus expectaciones, sus valores, sus relaciones, sus metas y sus prioridades. Por ejemplo, si piensa que la vida es una fiesta, su valor principal en la vida será divertirse (...)".

A partir de esto, comienzo por preguntarte *¿Cómo ves la vida? ¿Cuál es la metáfora sobre tu vida?* Recuerda que tu visión acerca de cómo ves la vida responderá como la vives y determinará tu destino.

En lo personal, reconozco que la vida no está alejada del propósito que Dios tiene para cada uno de nosotros. A pesar de que cambiemos de rumbo continuamente, siempre nos guiará hacia su propósito. Es por ello, que al reflexionar sobre lo que sueñas alcanzar, implícitamente estás yendo hacia lo que Dios te está brindado y tiene para ti, para que aproveches tus talentos y te sientas bendecido de hacer lo que mejor sabes hacer y te gusta hacer, sólo no te olvides de que eres tú quien escoges el destino.

Personas que quisieron *Ser* algo, pero tuvieron que *Hacer* otra cosa, por *Tener* otra cosa «una joven quería *Ser* veterinaria pero *tuvo* que estudiar economía, porque el papá así le aconsejó para que luego se dedicara hacer la administración de la finca». Es entonces, que buscar lo que se quiere desde el *Ser* te acerca a Dios. Te acerca a lo que él te ha regalado y quiere para tu vida. Si la administradora ahora quisiera compartir su deseo con lo que le tocó decidir, puede ayudar a sus animales como siempre lo había querido hacer porque nunca, nunca es tarde para comenzar de nuevo, puede ser la administradora y cuidar de los animales también.

"Si no puedes imaginar cuál es tu talento pregúntales a tus amigos, a tu familia y a tus colegas", ellos también tienen una visión de lo que siempre has querido hacer. Miedaner (2002, p.200), reflexiona con respeto a esto y señala que ese talento o habilidad que tienes se puede incorporar en lo que haces.

En otro sentido, al hablar del propósito de Dios es decir que es eterno, es para siempre; y pensando en esto las metas se hacen cortas, porque sólo estamos de paso en la Tierra. Por ello creo necesario invitarte a que tus metas también cumplan con ese propósito eterno de Dios. Manifiesta Warren (2002), que *"la Biblia dice que el corazón humano tiene muchos planes, pero el propósito del Señor es lo que prevalece."* (Proverbios 19:21, c.p. Warren, 2003, p.257).

"Nuestro propósito es complacer a Dios, no a la gente."
(Tesalonicenses 2: 4b, c.p. Warren, 2003, p.259)

> Vivir con propósito es la única manera de realmente vivir. Todo lo demás es solamente existir. La mayoría de la gente lucha con tres asuntos básicos en la vida. El primero es el la de identidad: "¿Quién soy yo?" El segundo es el de la importancia: "¿Soy importante?" Y el tercero es el de impacto: "¿Cuál es mi lugar en la vida?" Las respuestas a todas estas preguntas se encuentran en los cinco propósitos de Dios para usted. (Warren, 2003, p.253).

El autor en su texto *La vida conducida por propósitos,* explica detalladamente cinco propósitos para realizar la declaración del propósito para la vida, por si deseas ahondar en este tema espiritual sobre el propósito que Dios tiene para ti. Por el momento, extraje muchos de sus apartados para invitarte a que tus metas y objetivos, aunque sean temporales por este tiempo en la tierra, sean provenientes desde el Ser y estén estrechamente vinculados con el propósito de Dios.

Afirmaciones

Al momento de escribir este libro mi más sostenida afirmación era "me libero de esta pauta de retraso y me permito el éxito". Es una de las afirmaciones que expone

Hay (1992, p.52) en su texto *Sana tu cuerpo*, en el que manifiesta que toda condición de salud física proviene de una causa emocional. Aunque no nos detendremos en este tema de salud, comparto lo expuesto por la escritora, porque las afirmaciones son y han sido un punto importante para activar el cambio personal.

> No importa cuánto tiempo hayamos tenido pautas negativas, o una enfermedad, una mala relación, apuros económicos, u odio a nosotros mismos: podemos comenzar a cambiar hoy los pensamientos que hemos albergado y las palabras que hemos empleado repetidamente han creado nuestras experiencias hasta este momento. (Hay, 1992, p.13).

Lograr que comprendas que al cambiar tus afirmaciones, cambiará tu vida, se resumirá en un excelente trabajo por parte de este libro. Ahora, no es sólo cuestión de motivarte o decirlo a través de palabras, la razón principal de esto es que decidas probarlo. La motivación que necesitabas se te ha venido reflejando en cada lectura, pero no hay más nadie sino tú quien pueda ir llenando tu vida de hermosas afirmaciones, que de por sí harán su trabajo *ellas solitas*.

Ellas solitas:

«Ellas estarán enunciadas desde el consciente y luego se dirigirán al inconsciente, reprogramarán tus ideas y pensamientos, y tus acciones y emociones responderán ante ellas, solitas. ¡Ves! Es un trabajo de ellas solitas, el tuyo será comenzar a tener la convicción de que ellas solitas trabajan por ti, creen en ti y harán lo mejor que saben hacer, el bien para ti».

A continuación expondré algunas afirmaciones para que puedas comenzar tu trabajo. Porque si hablas de felicidad, estarás feliz, si hablas de prosperidad, la prosperidad está en ti y atraerás más prosperidad, al igual que si hablas de alegría, la alegría representará lo que eres, piensas y sientes. Todo lo verbal, procede de un pensamiento y lo que has venido albergado en tu mente se reflejará en tu vida, como refiere la escritora. La buena noticia es que podemos reprogramar lo que pensamos y cómo hablamos desde el mismo momento que así lo decidamos.

> *"Si cambias tu forma de hablar,*
> *también cambiarán tus experiencias".*
> (Hay, 2007, p.46)

Afirmaciones para la prosperidad

Extraído del texto *Tú, puedes crear una vida excepcional* de Louise L. Hay y Cheryl Richardson (2012, p.156).

> *Bendigo y deseo prosperidad a todas las personas de mi mundo, y todas las personas de mi mundo me bendicen y me desean prosperidad.*
> *La vida me ama y siempre satisface mis necesidades.*
> *Acepto con agradecimiento todo lo bueno que tengo en estos momentos de mi vida.*
> *La vida me ama y me sustenta.*
> *Confío en que la vida cuidará de mí.*
> *Me merezco abundancia.*
> *La vida siempre satisface mis necesidades.*
> *La abundancia fluye todos los días a mi vida de formas sorprendentes.*
> *Mis ingresos siempre aumentan.*
> *Próspero adonde quiera que voy.*

Afirmaciones a lo largo del día

Extraído del texto el *Tú puedes crear una vida excepcional* de Louise L. Hay y Cheryl Richardson (2012, p.153).

> *Amo mi vida.*
> *Amo el día de hoy.*

La vida me ama.
Me encanta que salga el sol.
Es maravilloso sentir el amor en mi corazón.
Todo lo que hago me aporta alegría.
Cambiar mis pensamientos es fácil y cómodo.
Es maravilloso hablarme con palabras amables
y cariñosas.
Hoy es un día glorioso, y todas mis experiencias
son una aventura maravillosa.

Afirmaciones sanadoras

Extraído del texto *Sana tu cuerpo* de Louise L. Hay (1992)

> *Para la apatía: Me abro a la vida y estoy dispuesto a experimentarla, a sentir con toda confianza.* (1992, p.23).
> *Para la angustia: Me amo y me apruebo; confío en el proceso de la vida. Estoy a salvo.* (1992, p.22).
> *Para el insomnio: Con amor dejo atrás el día y me sumerjo en un sueño tranquilo, en la seguridad de que el mañana cuidará de sí mismo.* (1992, p.45).
> *Para problemas propios de la Mujer (fibromas, menstruación, etc.): Disfruto de mi feminidad. Me gusta mucho ser mujer. Amo mi cuerpo.* (1992, p.49).
> *Para el sobrepeso: Estoy en paz con mis sentimientos. Estoy a salvo donde estoy. Yo creo mi propia seguridad. Me amo y me apruebo.* (1992, p.60).
> *Para los nódulos: Me libero de esta pauta de retraso y me permito el éxito.* (1992, p.52).

Esta última afirmación tuve que asumirla y trabajarla en lo personal, porque me han operado dos veces de nódulos y al leer el libro no pude hacer caso omiso, y comprendí que ha sido parte de mi retraso, ha estado manifestándose de esa forma. Pues ahora fíjense, la prueba está frente a sus ojos, he decidido repetir una y otra vez la afirmación: *me libero de esta pauta de retraso y me permito el éxito*, y he logrado forjarme otras cosas de crecimiento que hasta he podido escribir un libro para ti.

Hay muchas más afirmaciones que la escritora plasma en sus libros, también se encuentran por internet, que pueden brindar esa reprogramación hacia pensamientos positivos. Las afirmaciones sanadoras están hechas de acuerdo a la condición de salud que se tenga, por ejemplo coloqué la de nódulos por mi condición fibroquística, desde que la leí no ha dejado de ser parte de mis afirmaciones.

Ahora bien, no desesperes por decirlas todas. El trabajo de las afirmaciones tiene su regla. Lo primero que se considera es que escojas al menos una, la que más identifique tu situación actual o lo que quieras trabajar: si es prosperidad, será una en relación a ello.

Posteriormente, repetir la afirmación. No hay manera de creerse algo si no estamos continuamente repitiéndonoslo. En especial manejar las afirmaciones en el periodo de somnolencia (para trabajar el subconsciente), y tener la convicción de que ya la afirmación hizo su trabajo.

Para las afirmaciones sanadoras, comenta Hay (1992), que se comience por ubicar la causa emocional que ha provocado lo que tenemos, luego repetir la afirmación sanadora e igualmente aceptar desde ese primer momento que se está en el proceso de curación.

La convicción de creer que la afirmación ya está haciendo su trabajo es un acto de fe. Siente que has logrado lo que estás diciendo, y tus pensamientos y afirmaciones obrarán para que así sea.

Existen hoy en día muchos autores que afirman el poder de las afirmaciones, o que es lo mismo el trabajo de la autosugestión; su resultado de bienestar es inmediato, como comienzas la mañana y vives tu vida así serán tus resultados, por lo que te invito a comenzar levantándote con afirmaciones de éxito y sanadoras para que puedas obtener ese estado de bienestar y plenitud. Levántate minutos antes, haz un poco de ejercicio, medita, lee y repite tus afirmaciones, es un trabajo completo desde que comienzas el día para que disfrutes de esos resultados de bienestar, pruébalo por una semana y veras el cambio. Me puedes escribir al correo quetanfelizeres@gmail.com para conocer que te ha parecido este ejercicio. Una vez más: "como comiences tu mañana así vivirás tu vida"; entonces, comiénzala de la mejor manera, con hábitos que se traduzcan en bienestar: levántate una hora antes, haz ejercicio, medita, lee, realiza el ejercicio de tus afirmaciones y sonríe antes de salir de casa...

Trabajo holístico

> ¿Es posible considerar estos momentos como meras coincidencias? Por supuesto que sí, pero en un análisis más detallado también podemos decir que son atisbos de lo milagroso. Cada vez que tenemos estas experiencias, podemos considerarlas sucesos azarosos en un mundo caótico y desecharlas, o podemos reconocerlas como acontecimientos cruciales. No creo en las coincidencias sin sentido; creo que cada coincidencia es un mensaje, una pista sobre un aspecto particular de nuestras vidas que requiere atención. (Chopra, 2003, p.11).

Creo en las coincidencias. Interpreto, según refiere el autor que las coincidencias no llegan por llegar, tienen un sentido, un mensaje, y en este momento es para ti. No creo en la casualidad de que hayas escogido este libro. Por el contrario creo que el libro te escogió a ti; porque el Universo entiende que algo te brindará esta hermosa coincidencia.

Igualmente, como manifiesta Chopra (2003), en su texto *SincroDestino,* puedes considerar esto como algo crucial en tu vida o desecharlo. De hecho, su subtítulo menciona algo relacionado con esto: "descifra el significado oculto de las coincidencias en tu vida y crea los milagros que has soñado".

"Las coincidencias son mensajes.
Son pistas provenientes de Dios (...)".
(Chopra, 2003, p.91)

El libro ha sido un milagro para mí y lo seguirá siendo, porque el *Cambio* ahora es que comienza. El llegar a plasmar estas historias y experiencias personales, y que a través de algunas lecturas, vivencias y resultados de cambio, he podido compartir contigo, resulta hoy en día un maravilloso recurso de crecimiento para otros; con la convicción de que irá tocando de alguna manera la vida de muchos.

"Los Milagros ocurren todos los días (...)".
(Chopra, 2003, p.9)

Este texto es producto de una hermosa coincidencia con un cambio personal que se venía gestando: «mi Yo interior gritaba, pero no estaba ni cerca de entenderlo y menos de escucharlo». Fue el justo momento en que todo coincidiera para brindarme ese espacio de aprendizaje e internalización y hacerlo. Fue el tiempo perfecto «coincidencias como un milagro en el tiempo perfecto de Dios».

Al considerar esta coincidencia traerá algún sentido para ti. Por lo que quisiera recordar unas palabras hermosas que me brindó un amigo:

¡Todo lo que pidas a Dios, tu Padre ¡te será concedido!

En este apartado versa sobre un *trabajo holístico* (entendiendo holístico), proveniente del holismo, como una metodología que postula el analices de sistemas como un todo, y no a través de las partes, Es decir es un todo en conjunto, porque promueve un cambio integral de comportamiento, mentalidad, emocionalidad y físico...

De allí proviene lo que quisiera resaltar para ti, en esta oportunidad no sólo significará que trabajes en una parte de ti sino un conjunto de todo lo que *eres, haces y tienes*. Un cambio personal no será sólo programar afirmaciones, postular creencias de mayor fuerza, colocar el nombre de Sam, acercarte a Dios, hacer musicoterapia, leer uno de los libros que aquí se citan o establecer metas o comenzar a hacer ejercicios, etc.

En otras palabras ¡Es todo, gradualmente! Yo comencé por la sencilla tarea de Ser yo misma, entre otras tantas, no es que antes no lo era, es que para ese entonces estaba aún más consciente de quien era. Por lo mismo, comienza por la tarea sencilla de conocerte y saber lo que quieres, luego de dar ese paso te guiará tu instinto. Como mencioné desde la introducción es un libro que brinda herramientas de Cambio, a través de vivencias, algunos ejercicios que dan fruto para el cambio cambio personal, no es exacto pero puedes comenzar y luego ir practicando otros ejercicios o herramientas para alcanzar lo que quieres.

No obstante, este es el primer paso para tu cambio. La sensibilización del tema de cambio personal que te movió a leer este texto da muestra de tú interés por buscar algo más allá de lo que eres ahora. Por eso una de las preguntas que más ha servido en mi vida para canalizar lo que deseo y que ahora comparto contigo, ha sido

¿Qué tan feliz eres?

¡Escúchate! Lo que digas, no será bueno ni malo, será la realidad de lo que quieres, anhelas y sueñas.

Por otro lado, a través de una pequeña encuesta se pudo visualizar un somero reflejo de la realidad que viven las personas en la actualidad. Comenzando porque la mayoría responde afirmativamente sobre la necesidad de cambiar en algún momento de su vida, con un 98% de aprobación, lo cual significa que la mayoría de las personas encuestadas han sentido la necesidad de cambiar o de dirigirse a un cambio. Asimismo, un 96% de quienes participaron afirmaron que las personas requieren un cambio personal comparado con un 4% que indicó que no se requiere.

El cambio personal tomado como un aspecto de la vida que se debe trabajar, como otra de las preguntas arrojó que efectivamente si se debe trabajar en el cambio personal con un 98% que dijo que sí, un sólo 2% dijo que no, lo que resume que la mayoría de las personas de esta pequeña muestra manifiesta que se debe trabajar en el cambio personal. Asimismo, el 90% asegura que no puede haber un cambio externo, como en la familia o en el ámbito profesional o laboral, sino se trabaja un cambio interno, es decir, en un cambio personal.

Un aspecto que llamó la atención está relacionado a la felicidad; la pregunta que se formuló fue la siguiente ¿El cambio personal contribuye a la felicidad? aunque apenas el 8% considera que el cambio no contribuye a la felicidad, comparado con el 92% que respondió que si contribuye, se pudiese resaltar que no fue una respuesta afirmativa de la mayoría, en comparación con las cifras anteriores que señalaron un 98% que se debe trabajar en el cambio, esto quiere decir que las personas encuestadas consideran que se debe trabajar en el cambio pero no todos coinciden con que el cambio contribuye a la felicidad.

Por último, he de mencionar que las cifras obtenidas de acuerdo a la pregunta acerca de sí las personas se encuentran en búsqueda en un cambio personal, el 87,76% respondió que sí están en la búsqueda de un cambio y el

12,24% considera que no se encuentra en la búsqueda de un cambio. Con este resultado se pudiese interpretar que las personas en su mayoría consideran la búsqueda de un cambio, e igualmente perciben que el cambio contribuye a la felicidad y que te dirige al éxito.

Aunque no se midieron otras variables como la edad o género, la encuesta estuvo dirigida a una muestra cercana de personas conocidas con edades comprendidas entre 28 y 55 años de edad, profesionales de carrera, con estabilidad laboral, contratados y jubilados. Lo que se pudiese considerar una muestra no representativa de la realidad, pero que da muestra de una porción de ésta, una población no probabilística que en su mayoría considera que se debe trabajar en el cambio, que el cambio personal si te dirige al éxito, y que sin cambio personal no pudiese haber cambio en cualquier otro entorno como familiar u organizacional.

Este texto te invita de una manera sencilla a comenzar a trabajar por el cambio, por tu *cambio personal*, que no es más que aquel que te permitirá moverte hacia lo que quieras alcanzar: conociéndote a ti mismo, aprendiendo a utilizar el poder de la mente subconsciente, aceptándote, siendo único, mejorando tus relaciones, eliminando los juicios hacia otros, reforzando tus días con afirmaciones, manejando las emociones, aprendiendo a comunicarte, trabajando por tus metas y por el propósito de tu vida de la mano de Dios, eso hará el cambio en tu vida.

> Las personas que comprenden la verdadera naturaleza de la realidad, aquéllas que algunas tradiciones llaman iluminadas, pierden todo temor o aflicción. Las preocupaciones desaparecen. Una vez que comprendemos cómo funciona la vida — el flujo de energía, información e inteligencia que dirige cada momento — empezamos a percatarnos del increíble potencial de ese momento. Las cosas mundanas simplemente dejan de molestarnos.

Nos volvemos alegres, llenos de dicha." (Chopra, 2003, p.12).

¿Qué tan feliz eres? Es un texto para lograr responder esta pregunta, desde una verdad íntima y sin pretensiones sobre lo que es tu felicidad, tus sueños o tu motivo en la vida, sólo te invita a que hagas las tareas. Sé consciente y busca dentro de ti lo que quieres alcanzar, lo que sientas y tu trabajo producirá un cambio en todos los sistemas que te rigen. No olvides de escribir, y claro que se puede llorar, el llanto también es una hermosa emocionalidad porque es una respuesta natural de alivio y de saber que queremos avanzar. Un coach puede ayudarte en tu proceso de cambio, como bien pudiste comprender en los apartados sobre lo que es coaching y proceso de cambio personal; no obstante, puedes comenzar desde ahora mismo para promover el cambio, y moverte hacia dónde quieras llegar *¡Comienza Ya!*

CAPÍTULO 9

Un gran aprendizaje

¡Este capítulo tiene una gran peculiaridad! parte de él está escrito un año después que el resto del libro.

Una historia que pudiese relatar mejor lo que he querido plasmar y mostrarte en las líneas anteriores, fue lo que viví durante este año. No obstante, déjame recordar la historia de la escritora Luisa Hay, quien después de muchas búsquedas de información, de adquirir conocimiento y brindarlo en charlas y conferencias internacionales, tuvo que probar que ciertamente lo que ella predicaba, en sus libros y enseñanzas sobre lo emocional y las enfermedades, funcionaba.

A la reconocida escritora le diagnosticaron cáncer y tuvo que trabajar su parte interior, aceptando que su trabajo sobre la causa emocional sería sanado con afirmaciones, porque los médicos podían tratarla pero estaba convencida de que eso regresaría si no se trabajaba desde lo emocional, así lo percibía. Fue entonces que junto a sus tratamientos médicos también se dedicó a trabajar la parte emocional, como ella afirma en sus libros. Luego de su tratamiento, ciertamente curó su estado físico y sin espera, igualmente también su estado emocional, resaltando el trabajo de las afirmaciones que tuvo que hacer y el trabajo de fe sobre las palabras que se autogestionaba en pro de su salud y bienestar emocional.

Así como Luisa Hay presentó las creencias de que toda enfermedad tiene su trasfondo emocional y el cómo curarlo hasta probarlo, igualmente tuve que probarme a mí misma lo que estaba diciendo acerca del proceso de cambio personal; qué tan dispuesta me encontraba para enfrentarlo y lograr mis metas. Me afiancé en cada cosa que había dispuesto en este libro, tenía una combinación de trabajo sobre mis tres objetivos y para resumirlo, al hacer mi proceso de coaching, se concluyó en éstos, los cuales eran:

1. Graduación como Magíster

2. Independencia

3. Relación sentimental

Al momento de escribir esto, como mencionaba al principio, ha pasado un año exactamente y ahora me encuentro en La Ciudad de Nueva York, graduada con título de Magíster, y lo más hermoso casada con un gran hombre colmado de espiritualidad y compasión por los demás.

Han sido mis resultados tras un proceso de cambio personal, ¿casualidad? creo y afirmo que no ha sido así, porque he trazado mis metas y active mis sentidos, reuní todas mis fuerzas y recursos para lograrlo y así dejar que la vida recompensara mi camino.

¿Sabía que estos serían los resultados? Por supuesto que no, pero tenía todas las herramientas para lograrlo, al menos mi enfoque estaban en esos tres objetivos.

No sólo logré mudarme de mi pueblo de Caraballeda sino que me radiqué en una gran y exigente ciudad. En pleno proceso de adaptación no descuidé los trabajos y acciones que tenía que hacer para culminar mi tesis, ¿fácil? Indudablemente que no: las entrevistas a larga distancia, un proceso de investigación diferente y sin la ayuda del tutor en persona. Pero otras habilidades refuerzan el proceso y ayudan para no olvidar nuestros objetivos y menos dejarlos en la gaveta. Entre algunos de ellos estuvieron la disciplina, la constancia, la responsabilidad y el compromiso con lo que quería. Los líderes siempre saben lo que quieren y luego buscan la manera de cómo lograrlo, por ello insisto en que seas el líder de tu vida sino otro manejará tu vida y tus resultados.

> *"El precio de la grandeza es la responsabilidad."*
> (Winston Churchill (1874-1965)

Pasos sencillos pero que las personas por tanto trabajo y diarismo no realizan. Pondré un ejemplo: las "listas", para manejar mejor el tiempo y lograr mayor productividad en cuanto a actividades o proyectos se trate, es importante desarrollar listas. Hacer nuestra lista de actividades semanalmente y por día. Pensar y dejar anotado, en relación al proyecto, qué debo y puedo hacer esta semana y así sucesivamente. Seguro estas escuchando esta herramienta valiosa que no has aprovechado ¡inténtalo! Los ejecutivos de grandes corporaciones no obtienen resultados si no aprenden a manejar bien el tiempo y sus objetivos, para ello, una pieza fundamental es escribir sus acciones medibles, poner fecha de culminación y dar seguimiento. «¡Ves como pasos sencillos como la dedicación y la disciplina te pueden llevar a los resultados!». Otro ejemplo a considerar es la planificación financiera es un hábito de éxito porque planificar tu dinero (gasto e ingresos) un año antes es considerar una proyección ajustada a tus necisidades y objetivos por alcanzar.

En cuanto a la relación sentimental, simplemente llegó, estaba arrojado al universo que eso era lo que quería. Fue una combinación de trabajo personal con la bendición de Dios. Sólo debo decir que aún estoy en mi proceso de cambio cultura y mi cambio de soltera a casada. En lo personal, estoy trabajando en el desarrollo de cursos online, procesos de coaching personal, y abriendo camino para la empresa familiar, con mi esposo. Todo ha sido resultado de lo que había iniciado desde conocer el coaching. Tener esa conciencia sobre el trabajo e ingresos independientes que quería realizar y obtener, me hizo el favor de llegar a tener algo mejor, ahora algo más lindo, tengo la valiosa y gran oportunidad de poder ayudar a muchas personas en sus procesos de transformaciones para su bienestar y riqueza, lo que ha sido uno de esos regalos que te llegan cuando haces lo que quieres y te apasiona.

En el presente, cuando miro hacia atrás puedo reforzar todo lo que está escrito en este texto, el coaching te mueve hacia dónde quieres ir. Es un proceso que debes permitirte si quieres esa búsqueda ¿...? Es salirse de la zona de confort. En mi experiencia todo lo había dejado pero con un propósito. No tenía cerca mis padres, ni hermanos, amigos, perritos, mi cuarto, el carro. Nada se podía contabilizar, fue desde el principio, un enorme esfuerzo emocional por no tener nada de lo que amaba cerca, pero con mucha fortaleza porque tenía la seguridad y la fe que las circunstancias cambiarían para mejor y sucedería, y así sucedió y está sucediendo, porque todo cambio resulta en un gran aprendizaje y en un resultado mejor.

Zona de Confort

Me refería a la *zona de confort* y antes de seguir quisiera hablarte de ello, porque deseo brindarte al menos unas palabras para tu reflexión. La zona de confort, en el estricto sentido de la comodidad y estabilidad es buena, pero y existe un gran pero, la zona de confort es extremadamente mala para el crecimiento y para quienes quieran y se propagan lograr sus sueños.

Los objetivos que puedes plantearte seguramente arrojan un crecimiento, un progreso, por lo que te pudiese comentar que el estar en la zona de confort no te permitirá progresar, no puedes arriesgarte porque estás con unos pensamientos de bienestar, y el sólo hecho de pensar que estás bien no te deja ni siquiera soñar en algo mejor: por eso muchos cuando salimos de allí, vemos que estábamos bien pero siempre hay posibilidades de estar mejor. Si no te mueves de la zona de confort no podrás obtener un crecimiento rápido ni lograrás saber lo que te espera fuera de ella.

Salirse de la zona de confort se debe hacer planificadamente, el coaching refiere un *cambio como recurso estratégico*, por lo que no es dejar todo como niños malcriados. Es buscar dentro de las posibilidades qué podemos hacer, cómo lo vamos hacer, por dónde comenzar. Si debo ahorrar antes de... si debo terminar algo antes de..., si debo esperar seis meses antes de... si debo estudiar algo antes de... No es postergar la situación o el objetivo, es pensar estratégicamente aprovechando desde el lugar donde nos encontramos para ir hacia donde queremos. En otros casos, muchos piensan que pueden moverse de la zona de confort y hacer paralelamente lo que venían haciendo, lo que también pudiese ser positivo.

En otro sentido, debo decir que de seguro hay excelentes libros de coaching con muchos consejos y prácticas de coaches profesionales con muchos años de experiencias, sin embargo este texto que representa historias personales te pueden ayudar a ti o a alguien que conozcas sobre cómo comenzar con el cambio, desde verificar si te encuentras en una zona de confort, si te ataja algo que no te deja avanzar y quieres lograr otras cosas.

Es un modelo a seguir que representa un poco los cinco años que vengo conociendo de coaching, plasmando acerca de lo que nos hace feliz y lo que queremos para nuestra vida, lo que tiene que ver con nuestras acciones y pensamientos. La idea es cerrar las brechas entre muchas interrogantes que podamos tener e invitarte al *cambio personal*, con el principio de reconocer ¿*Qué tan feliz eres?* o ¿*Qué tan feliz quieres llegar a ser?* sin miedo.

El miedo

El cambio es una transición, es moverse hacia un lugar que no estábamos acostumbrados, esto va generando emociones distintas, al igual que pensamientos distintos; y si una de esas emociones es el miedo, permíteme exponer una lectura que recuerdo muy bien haber leído en uno de los textos de Louise Hay, y ha sido una de esas historias que te quedan para siempre.

La Lectura describe asumir el miedo desde otro punto de vista, como el tener que agradecerle cuando se presente porque el miedo sólo se presenta para protegernos de algo que no sabe a ciencia cierta qué es.

Él no es adivino, él trabaja cuando algo no está en calma y el sólo se mantiene en calma cuando todo está bien. No obstante, buscar otras alternativas y tomar un sendero distinto hace que él surja, porque su calma se ha visto amenazada, comienza a preguntar por tu bienestar: ¿es esto correcto?, ¿esto es para tu bienestar? ¿te va hacer daño?. ¡Que lindo es saber que él está presente sólo para protegerte! sólo eso, él odia salirse de su zona de confort, le gusta estar trabajando por tu calma y tranquilidad. La mente es conservadora, le gusta la calma y además adora el conocimiento. El miedo también se disminuye con toda información que le podamos brindar.

En este sentido, la respuesta para el miedo estará vinculada al amor y a la información que le podamos brindar, porque sólo la información puede reducir la ansiedad y la angustia ante lo inesperado así como lo que sepas sobre las ventajas y desventajas de asumir el cambio. Definitivamente siempre habrá que dejar algo atrás para lograr otras cosas: cambiamos un pensamiento por otro, nos mudamos de una casa a otra, nos vamos de un trabajo a otro, decidimos luchar por algo para dejar lo que ya hemos logrado. Así que cuando se presente el miedo en el cambio, sólo recuerda que está para protegerte, sólo agradece su presencia, afirmando que todo va estar bien. Siempre recordando que debe estar presente el amor en todo lo que emprendas.

Una vez conocí a una persona que decía ¡Tranquila, todo va a estar bien! Ni yo sabía si tenía razón, pero esa afirmación aún permanece en mí, porque me llena de tranquilidad; en el cambio personal es necesario mantener la tranquilidad interna, y el miedo es un factor importante que atender para estar tranquilo, hazte amigo del miedo y acostúmbrate a manejarlo como un protector y no como un enemigo. Este pequeño conocimiento del miedo frente a los cambios lo he compartido con varios amigos, y ha sido satisfactorio porque le he podido brindar una pequeña *herramienta emocional* sobre el miedo que ahora estoy segura manejan muy bien. Ahora comparte este conocimiento y bríndalo a quien lo necesite. Cuando te quedes atrapado en algo y no puedas avanzar debes reconocer que hay un miedo detrás de ese estado, pregúntate ¿Qué miedo está detrás de esto?

Dar un poco más

Dar y recibir siempre ha sido una premisa en nuestras vidas. Muchas personas se aferran que dar es mejor que recibir. Aunque no quisiera entrar en esta disyuntiva he entendido, como dicen algunos autores, que debe ser igual tanto el dar como el recibir. Recibir también es tan esencial como dar porque al recibir no sólo dejas que la persona que quiere darte se sienta bien sino te abres a lo que el Universo te brinda.

Un trabajo con las afirmaciones que hemos tratado antes puedes relacionarlo con este tema, es bueno soñar y tener metas y ponernos en acción, como se ha tratado de explicar en el desarrollo de este libro, sin embargo también es de sana inteligencia abrirse conscientemente a recibir lo mejor con afirmaciones, proclamar lo bueno que Dios y el Universo así nos ha de brindar.

En un audio acerca de la Mente millonaria escuchaba frases como *"tengo una mente millonaria"* o *"soy un imán para el dinero"* *'soy una máquina de dinero"*, son frases que te nutren, que te hacen sentir merecedor y con poder de recibirlo todo, en cuanto al dinero se refiere. Hazte merecedor de todo lo que deseas, aceptando todo lo que te den. Expresa frases que aviven esas ganas de recibir, siempre y cuando seas agradecido. ¡Escribe frases que nutran tu mente de bienestar!

Un sentido de esto muy personal, es que me aferro a creer que la energía de la felicidad siempre está en saber agradecer y vivir en agradecimiento, estar agradecido es sinónimo de estar viviendo alegre, cómodo, sano, productivo, en crecimiento, con fe, pensando en positivo. Sólo un espíritu agradecido puede estar en sintonía de lo bueno. Recibir forma parte de estar agradecido con la vida y la vida así te lo recompensa.

He tenido la sensación que mientras más tienes más te quieren dar. El Universo más te quiere ofrecer por lo que has dado y has agradecido, por eso me inclino que entre dar y recibir es una ecuación de igual resultados. Esto lo he aprendido por un gran compañero que la vida me puso en el camino, quien me hizo comprender lo mala receptora que era, lo reconozco, hasta que asumí que cuando uno no es receptivo, es porque internamente no nos sentimos merecedores de ello y aún más terrible pensar que no sabemos ser agradecidos con lo que nos llega. ¡Ahora te toca aprender a recibir y estar agradecido!

En este pequeño apartado también quisiera exponer un pequeño cuento que me sucedió al graduarme. No sé cómo en cuestiones de organización termino siempre participando. Resulta que estábamos en el último semestre ya para graduarnos, y entre ideas e ideas no se concluyó que haríamos, si una fiesta u otra cosa para festejar la graduación. Lo que se definió fue que éramos dos grupos, unos querían una cosa y otros ni sabíamos.

Se propuso un viaje, el cual termine organizándolo buscando presupuesto del transporte, de lo que se compraría, de los hoteles y lo que traería incluido. En fin, viajamos el grupo que decidió por esa opción. Contentos nos fuimos y la estábamos pasando súper bien, pero yo guardaba una sorpresa para todos. Como he sido habilidosa con las finanzas, pude conseguir un descuento en el hotel y sobró un poco de dinero. Pues, eso ocurrió muchos días antes, y como tenía que entregar cuentas hasta después del viaje, se me permitió hacer algo que estaba segura jamás olvidarían.

Mis compañeros estaban en la piscina, fue un viaje a la playa. Estaban distraídos, conversando, pasando el momento, cuando decidí ir por la sorpresa; al comentarle al muchacho que estaba amenizando el lugar, ahí mismo me colaboró. Pues con mucha emoción ha anunciado las felicitaciones a los graduandos y todos nos levantamos y nos acercamos a la tarima del lugar, cuando ellos de pronto vieron a unas chicas llegar con unas medallas en las manos se emocionaron, algunos se pusieron a llorar, fue ese instante donde muchos nos percatamos de ese esfuerzo de haber hecho una carrera universitaria.

Para hacerlo más bonito les cuento que nos comenzaron a llamar por nombres, estaban grabados en las medallas junto a la fecha, como símbolo representativo de nuestra graduación. Así que la vivencia era muy superior a lo que me pude haber imaginado. Me sentí tan contenta de haber dado un poquito más, porque todos esperaban un viaje, esperaban que planificara el viaje, no alguna sorpresa.

El aspecto de dar y de recibir va un poco más allá. Cuando hablamos de felicidad, de tener esa sensación, de vivir esa sensación es también crearla de manera auténtica como el dar un poquito más. Como se entiende en términos organizacionales, es ofrecer un valor agregado. Cualquier persona puede hacer una planificación de un viaje, hemos escuchado infinitamente como nos identifican de ser personas no imprescindibles en la vida, lo que puede ser cierto, entonces volvámonos prescindibles en cada circunstancia. Hagamos lo mejor que podamos y hasta en dar siempre un poco más.

Dar un poco más es en esencia uno de los aspectos en la vida que comprendes y lo aceptas cuando lo vives, vivencias que tú puedes crear. Algunos por estar cansados de algo no dan más de lo que se pide, y puedo estar refiriéndome estrictamente en el sentido laboral, por el contrario hay personas que se crean estos buenos hábitos, no sólo por el compromiso y la responsabilidad sino porque lo traen consigo y es algo que se puede aprender. El dar ese valor agregado puede cambiar el resultado y las experiencias de la vida.

Mencioné que el cuento era sólo el inicio porque mayor gratificación sentí, el haberme dispuesto a entregar esa linda sorpresa a mis compañeros, teniendo que trabajar con horarios de madrugada, enfrentar días y días fuertes por tanto tráfico, vivir lejos, hacer las tareas, estudiar y sacar el tiempo para visitar los lugares donde vendían y grababan medallas, y para quienes no conocen Caracas. Hablo del centro de Caracas donde pude ubicar el lugar más económico en el que podía hacer eso. Un lugar donde no se puede estacionar, así que las tres veces que fui tuve que caminar bastante, y con rapidez, porque mi tiempo era muy apretado, sin contar con el tiempo que tuve que disponer para los demás presupuestos.

No sé si otra persona lo podía hacer, no sé si otros compañeros que no trabajaban lo podían hacer o vivían cerca, lo que puedo decir es que cuando das de esa forma no sucumbes con esos pensamientos. El hecho de que sólo vas a dar por dar no trae los mismos resultados, porque los demás seguro no van a sentir nada. Simplemente estar en esa sintonía, das porque así lo deseas. ¡Es bonito, es hermoso dar un poco más! así sea en un escrito o en una actividad, con alguien en especial. Dar lo que no se espera te brinda y forma un hábito de felicidad.

Les termino esta pequeña enseñanza, de dar un poco más, con lo más generoso que les puedo contar de esta historia, pero ciertamente con un final muy triste pero valioso para quienes así lo reciban. Lo generoso fue escuchar a una madre muy dolida por la pérdida de su única una hija, dándome las gracias con un abrazo, diciendo "mi hija disfrutó mucho la medalla que le diste". Una compañera había fallecido pero logró disfrutar de su medalla, pudo disfrutar de ese dar un poco más.

"Hace falta toda una vida para aprender a vivir."
Séneca

Ciertamente, los años nos dan sabiduría, las prácticas nos hacen mejores, las teorías nos adelantan pasos pero la vivencia nos da todo. De la vivencia obtenemos el mejor de los aprendizajes. Este libro resume algunas vivencias personales, algunas teorías, algunos aprendizajes y ofrece herramientas con sencillos pasos para que disfrutes el camino del crecimiento y cambio personal, lo resalto porque sólo el leer el texto no será suficiente hasta que no comiences a crearte estos escenarios.

Refiere Robbins en su texto *El poder sin límites*, que no es lo que aquí se te ofrece es lo que tu vayas hacer con esto. Uno de sus consejos es el poder modelar a las personas que han logrado lo que ya tú estás comenzando. Modelar a la persona de éxito.

Si guardas el libro y sólo lo calificas de bueno o malo, habré perdido mucho, aunque alguna semilla seguro ha de haber quedado en ti, como siempre me comenta un gran compañero. «No importa si no escuchan, tú siembras la semilla que en algún momento florece, tal vez no le llega al momento, muchas veces hasta capta lo mismo por otra persona u otro medio, y florece. Lo importante es la intención».

Ahora bien, tengo como meta que si algo de lo que hayas leído lo pongas en práctica habré ganado en mi propósito de querer formar parte de los procesos de transformación de las personas. Es una de las cosas por la que he trabajado, es mi propósito de brindar un poco de lo que he aprendido. Como refiere Robbins, nosotros siempre enseñamos lo que tenemos necesidad de aprender.

Así que también aprovecho para mencionar y recomendar de quienes he aprendido: Anthony Robbins, autor y conferencista internacional que ha formado una visión de otros tantos filósofos, y teorías de la programación neurolingüística que sirven como aprendizaje práctico de lo esencial, y si debo recomendar a autores para continuar en el camino del crecimiento personal y coaching uno de ellos es él.

También, debo mencionar los audios y textos de Jim Rohn, quien plantea una filosofía de vida, aunque dedicada más al tema del dinero, ofrece enseñanzas de vida para el bienestar de la persona que busquen ese camino. Igualmente, Napoleón Hill con su texto Piense y hágase rico, un libro que cuestiona tu forma de ver la vida. Así como los conceptos que brinda Brian Tracy, desde las ventas hasta temas de comunicación y desarrollo personal. Entre otros autores se encuentran Osho, Eckhart Tolle, Robert Kiyosaki, Walter Riso, John C. Maswell, Deepak Chopra...

En este sentido, al mencionar autores que me han podido ayudar a tener pensamientos y conocimientos de desarrollo personal, éxito, dinero, libertad financiera, y demás, creo estar dando un poquito más de la escritura, debido a que te estoy invitando a continuar tu crecimiento personal con autores que si bien trabajan temas de coaching también son fuertes conocedores de temas de emprendimiento y felicidad.

Así como yo otros autores se han adelantado, sin egoísmo alguno a mencionar de aquellos quienes de una forma u otra han abordado el mismo camino. En el texto *de Tú puedes crear una vida excepcional* de Hay y Richardson (2012), menciona Hay que "hay muchos maestros maravillosos, como el doctor Wayne Dyer, Abraham, la doctora Christiane Northrup, y todos comparten el mismo mensaje (...) creo que la verdadera meta en la vida es sentirse bien. Queremos dinero porque queremos sentirnos mejor. Queremos tener buena salud porque queremos sentirnos mejor. Queremos una relación bonita porque pensamos que así nos sentiremos mejor. Y si pudiéramos hacer que nuestra meta fuera simplemente sentirnos mejor, nos ahorraríamos muchas complicaciones". (Hay y Richardson, 2012, p.56).

Disfruta del camino de crecer con estos y muchos autores que se te brindan. ¡Continua el crecimiento!

Sabiduría espiritual

¡Dios no nos ha engañado! Se nos ha dado inteligencia para discernir entre lo bueno y lo malo, partiendo de allí ya se puede comprender entre los caminos que debemos escoger. La única salvación que conozco la otorga el Señor para quienes crean en su palabra. Para una persona religiosa o no, puede considerar un poder sobrenatural, yo en lo personal y respetando las muchas religiones que existen y sus predicaciones, se lo otorgo a un solo Dios, que nos ha entregado a su hijo.

Es el creador del cielo y de la tierra, y que por millones de años ha permitido esta evolución, porque también soy amante de la ciencia, y mientras más hondo uno se adentre y se tenga mayor conciencia en la creación mayor se percibe la perfección de Dios. Con todo esto, no quiero vender la religión sino la sabiduría espiritual que debemos tener para alcanzar el mayor entendimiento posible. Considero que mi ignorancia con respecto a la palabra de Dios apenas comienza a desvanecerse, sin embargo el interés sobre mostrar como accionamos en busca de entender la felicidad, me lleva a hablar que no es posible esa emocionalidad permanente de felicidad hasta que logremos entender lo que está más allá de lo corriente, que sólo se responde al acercarse a Dios.

La *fe* es esencia un resultado divino, porque tener fe en algo es ya sentir que ya ocurrió, que ya se tiene, y esto es parte de una sabiduría espiritual. La fe permite a la persona ser exitosa incluso ser agradecida y humilde de sus triunfos, porque sabe que así sucederá. Creer en Dios y tener fe en las cosas buenas que nos tiene, es dar por sentado que nuestro trabajo y nuestra buena voluntad, al hacer nuestro trabajo vendrá con sus frutos.

Fe de que sólo pueden ocurrirnos lo mejor que nos ha de ocurrir. No quiere decir que vivamos en el mundo de las fantasías, donde sólo ocurren cosas buenas, es evidente que debemos estar preparados emocionalmente para combatir y *ser resilientes* en todas las circunstancias de la vida. La vida no es solo de lo bueno, sino ¿cómo vamos a aprender? Como saber lo dulce sin conocer lo amargo.

La resiliencia, ahora es una fortaleza que podemos desarrollar. Refiere un conocido profesor de Harvard, de psicología positiva, Tal Ben-Shahar, que estar feliz se puede aprender, que la felicidad se puede hacer siguiendo claves como manejar la resiliencia que no es más que manejar nuestro estado mental, es el cómo respondemos ante el fracaso. Otras claves que menciona este autor para trabajar la felicidad es sobre aceptar las emociones, aceptar fracasos, hacer deporte, meditar, enfocarse en algo y no malgastar el tiempo, claves como las que hemos tratado en el desarrollo de este texto.

La fe en el sentido más íntimo de su expresión permite mantener la tranquilidad, una confianza única sobre lo que sucederá, una forma positiva de enfrentar las cosas, porque ya se comprende que el resultado será solo para bien. Al hablar de metas y objetivos, la fe es una pieza que no puede pasar desapercibida porque no puede haber resultado sin tener confianza en que se obtendrá, por un lado, por el otro la fe que le tenemos a las obras de Dios te elevan de cierta manera que no te permiten ni tan siquiera pensar en el resultado, es un simple acto de creer y de profundo agradecimiento desde que se comienza a pensar. En el libro de Marcos, anuncia Jesús que todo es posible si uno cree.

""La fuerza de la vida no será en la certeza de que podamos hacer cualquier cosa, sino en la perfecta certeza de que Dios las hará".
Oswald Chambers

El tema de la fe al igual que la felicidad son términos muy subjetivos, comprendidos desde tantos puntos de vista. Por ello he de recordarte que apenas es una representación de la realidad, una forma de ver la fe dentro del camino de la felicidad y lo que significa el cruce entre estos aspectos de la vida con el crecimiento y el cambio personal. Te invito a tener fe de que cualquier paso que quieras dar y en las cosas que te dispones hacer, sólo tu disposición de creer en el Señor, ya de antemano te aseguro estarán cumplidas. Que en tu desarrollo personal, también esté presente la fe y te apasione la búsqueda de esa sabiduría espiritual que muchos necesitamos para alimentar el espíritu.

Entre uno de los últimos puntos quisiera hablar de mi precepción del cambio. Ya habrán oído sobre el monje que quería cambiar el mundo y finalmente concluyó que por donde debió comenzar era por cambiarse a sí mismo. Tanto recorrer para determinar que no era posible cambiar ni el mundo, ni el país, ni la sociedad ni su familia, sólo el cambio radicaba en él, entendiendo que si se cambiaba él tal vez podía cambiar a su familia, si cambiaba su familia podía suceder que cambiara la sociedad y así el país y el mundo. Porque ha de entenderse que en el proceso de cambio personal influye no sólo en la persona que lo asume sino en su entorno. El conocerse a sí mismo, es un factor indudable para mejorar no sólo nuestra vida sino la vida de quienes nos rodean.

"Cualquiera que sea el camino que elijas, siempre hay alguien que dice que te equivocas. Siempre surgen dificultades que te tientan a pensar que tus detractores tienen razón. Trazar un mapa de acción y seguirlo hasta el final requiere mucho coraje".
Emerson

Como has notado estas sencillas herramientas que aquí se ofrecieron permiten afianzar tu avance hacia el cambio desde escribir las metas ofrece un paso hacia lo que se quiere, debido a que se obtiene mayor enfoque y porcentaje de cumplirse aquellas metas que se escriben. Así como tener afirmaciones, comprender el trabajo de las palabras y lo que interfieren ellas en nuestros resultados, etcétera.

Es por ello que promover el cambio en uno mismo es el inicio de alcanzar lo que se quiere, es ocuparse de los sueños que queremos hacer realidad. Manejar el cambio como lo has hecho hasta este punto te asegura ir en la mejor dirección sin haber esperado el cambio imprevisto. Este texto representa parte de la esencia del coaching como proceso de cambio personal, que permite entre otras cosas, trabajar estratégicamente por el cambio para lograr lo que se quiere y trabajar de la mejor manera posible tu espacio interior.

¿Qué le entregamos al mundo?

«Yo estaba contaminando al mundo» ¿tú sabes cuándo estás contaminando al mundo? O ¿sabes cuándo lo estas ayudando? Uno verdaderamente cree que tiene todas las verdades y que el simple hecho de trabajar, estudiar, ser buenos ciudadanos, traer hijos, ir a la escuela, regalar un caramelo, decir cosas bonitas, es ayudar al mundo. Hasta en ocasiones escucho decir este es mi granito de arena.

¡Bueno...! Un largo bueno..., porque eso mismo pensaba yo, y aún sigo escuchando personas con esas ideas, que no es que sean malas ni buenas, es que simplemente llega un instante en que las dejas de considerar, porque si todos somos buenos y nadie contamina el mundo, ¿cómo es que estamos así? Hoy afirmo que yo si estaba contaminando al mundo y saben por qué, porque no me ocupaba de mi espacio interno, de mi espacio personal. No se necesita estar toda una vida generando buenas acciones cuando en tu interior aun crecen cosas de infelicidad. Por eso mismo, sentirse bien contigo mismo ayudas al mundo. Le entregas esa armonía, le entregas buenas energías, le entregas al mundo felicidad.

La infelicidad como dice Tolle (2000) se contagia y para mí es un contaminante fuerte. Así que para ayudar al mundo hay que liberarnos de la infelicidad. Este autor, lo define en uno de sus apartados del texto *El poder del Ahora*, en el que refiere que el hecho de continuar viviendo o haciendo algo que desagrada es estar provocando infelicidad.

> Está convirtiendo el momento presente en un enemigo. Está creando infelicidad, conflicto entre lo interior y lo exterior. Su infelicidad está contaminado, no sólo su propio ser interior y a los que lo rodean, sino que también la psique humana colectiva, de la cual usted es parte inseparable. La contaminación del planeta es sólo un reflejo exterior de una contaminación psíquica interior: millones de individuos inconscientes que no asumen la responsabilidad de su espacio interior. (Tolle, 2000, p.73).

Es así como comprendemos que vivir infelices no ayudamos en lo absoluto, ni nos ayudamos a nosotros mismos ni a quienes nos rodean. Como manifiesta el autor "no se asume la responsabilidad de su espacio interior". Tener emociones pasadas que nos hacen daño en el presente, es no ayudar al mundo; tener resentimiento por algún hecho significa que no estamos ayudando al mundo; no perdonar es no ayudar al mundo; no vivir feliz es no ayudar al mundo. Yo no estoy refiriéndome a un mundo perfecto, pero a uno casi perfecto si muchos de nosotros asumimos *la responsabilidad de nuestro espacio interior.*

Si consideramos problemas del pasado buscar ayuda profesional con psicólogos o terapeutas, con quienes podamos trabajar los problemas emocionales es ayudar al mundo, y ayudarte más a ti. No expresar los sentimientos en una relación por temor a la separación es no ayudar al mundo, por el contrario trabajar el autoestima, la confianza, el apego emocional te liberarán de pautas para trabajar mejor tus relaciones sentimentales, lo que provocará una autonomía en tus sentimientos y decisiones y al poder expresarlos es ayudar al mundo y ayudarte a ti.

En otras palabras, es asumir la responsabilidad de nuestro estado mental y lo que sentimos y generamos a partir de él. Es cuidar el cómo nos sentimos, aceptando las condiciones con las que nos hemos estado dirigiendo y por supuesto buscar la correspondiente salida de cualquier problema o sentimiento que nos agobie. Estar bien contigo mismo, cuidarte y sentirte bien, es no contaminar el mundo. Ahora bien, piensa *¿qué le entregamos al mundo? y ¿qué puedes tú entregarle al mundo?*

Otro aspecto para contribuir al mundo es comprender cómo nos manejamos desde los hemisferios cerebrales, algo extremo en términos de aprendizaje pero que pudiese ejercer enormes consecuencias favorables.

Es conocido que el predominante es el hemisferio izquierdo que maneja toda la parte derecha, y el hemisferio derecho contempla toda la parte izquierda. Es un cruce entre las manos y el volante. Lo que nos hace estar entre dos mundos diferentes.

En palabras de Osho (2003), se entiende que anteriormente existían más niños zurdos que ahora, pero la misma sociedad ha ido cambiando esta realidad motivado a la política interna que crece en el interior del niño, hasta considerar esto como un peligro según nuestra cultura. «Me pregunto sí es que pensaron que las personas menos planificadoras y amorosas harían un daño irremediable".

En tanto, la diferencia más notable entre estos hemisferios radica en que en el hemisferio derecho trabaja lo "intuitivo, ilógico, irracional, poético, platónico, imaginativo, romántico, místico, religioso". En comparación con el otro extremo al que se le atribuye lo "lógico, racional, matemático, aristotélico, científico, calculador". (Osho, 2003, p.198).

Una relación entre este punto y lo que le entregas al mundo, es que efectivamente, según este aporte, se debería trabajar más desde el hemisferio derecho cuando de felicidad y crecimiento se trate, porque es desde este lado que surge la idea de vivir persiguiendo tus sueños, alimentando la realidad desde lo poético y romántico; seríamos más amor que números, lo que provocaría una sociedad con mayor proporción de personas interesadas en el momento y no preocupadas, calculadoras del futuro. «Trabajemos paso a paso nuestro otro hemisferio, dejemos de utilizar sólo el 5% del cerebro; hasta pasando la página del libro con la otra mano, comenzamos a trabajarlo».

El autor también indica que las mujeres pertenecen más al hemisferio derecho y los hombres al hemisferio izquierdo. De ser así, hay que reconocer que las mujeres piensan más en la casita, el animalito y las cosas bonitas. Por lo que de estar dominado más por mujeres estaríamos en otras frecuencias que de seguro cambiaría el mundo. Advierte Osho (2003, p.45), que "las mujeres no están interesadas en guerras", ni en "comunismo" o capitalismo, ni en "armas nucleares", al menos que sean de índole investigativo, pienso yo.

El poder que tenemos

Otro aspecto que quiero compartirte es que a través del desarrollo de este trabajo, aprendí a *disfrutar lo que se hace por uno mismo*. Este texto si bien está dirigido para toda persona que quiera conocer un poco de herramientas de coaching y cómo emprender un cambio personal, realmente ha sido un cuento lleno de bendiciones, esperando represente lo mismo para ti.

El primer capítulo que escribí fue el número tres *Cómo se llama tu Sam*, fue tan placentero poder plasmar una historia que involucrara la importancia del *Yo interior* y del poder que se tiene al saber que se encuentra allí.

Igualmente, fue con cada historia. Cada vez que me disponía a escribir un tema, llegaban las historias, fue sencillo hacer las analogías en cada relato, en especial la de *Somos polvo de estrellas*. Tan sólo pensar que estamos hechos de átomos proveniente de los fragmentos de las estrellas y que nuestro Universo está en continua expansión, literalmente polvo de estrellas y seres en crecimiento: seres únicos, perfectos, que venimos de todo un proceso de evolución; cómo es que no tenemos más allá de lo que queremos si lo podemos lograr todo. Somos energía dentro de un campo de energía, y no hay limitaciones ni obstáculos en la energía. *Sólo falta creer que podemos.*

> *"La moraleja es que las personas pueden hacer prácticamente cualquier cosa si logran encontrar dentro de sí los recursos para creer que pueden y para poner efectivamente manos a la obra"*
> (Robbins, 2011, p.37)

Por lo que se hace incomprensible no asumir el poder que tenemos dentro de nosotros mismos. Por ello, también quise desplegar cierto enfoque sobre lo que éramos a lo que nos hemos venido convirtiendo, de allí nace la *pequeña Doña Perfecta*, un relato que nos ubica en las fortalezas que tenemos desde pequeños y que van mermando al pasar del tiempo, lo que nos puede ayudar a redescubrir lo que tenemos y desarrollar lo que nos haga falta. Otra historia hermosa sobre crecimiento, está reflejada en *10 escritorios un éxito,* en la que a través de las experiencias se puede comprender que todo debe provenir del *Ser* y no del *tener* o *hacer,* es aprender de la experiencia, convirtiendo tus fracasos en éxitos, convirtiendo tu aprendizaje en lo mejor que te ha podido suceder, porque ha nacido como expuse en la historia de *esa curiosidad por insistir en buscar más de lo que la vida puede ofrecer,* aceptando errores sin desmayar en encontrar lo que realmente nos hace sentir plenos y felices.

Sólo una cosa más, la herramienta de coaching actualmente sigue en estado embrionario como describía en mi trabajo de grado, no obstante quisiera exponerte que este recurso es una de las herramientas gerenciales que ha brindado más frutos, en cuanto a temas de emprendimiento, resultados, comunicación, motivación, liderazgo, resolución de conflictos, desarrollo de habilidades, ventas, mercadeo, etc., etc., se refiere.

Lo que quiere decir que tienes en tus manos el conocimiento sobre un recurso poderoso denominado *coaching* que muchos ejecutivos y grandes corporaciones utilizan para mejorar sus entornos laborales, conseguir mejor productividad, obtener mejores resultados financieros, incrementar las ventas y por si fuera poco, una herramienta para los procesos de cambio que pueden generar mejores resultados y mover a todo un equipo de trabajo a un estado de mayor capacidades. Lo que quiere decir que en todo proceso de coaching, incluso dirigido a una Alta gerencia, toca estos temas aquí presentados, evidentemente entre otros que serán necesarios de acuerdo a lo que quiera lograr la organización; lo que sí, es que ahora se te brinda también a ti.

Tienes ahora mismo claves de coaching que manejan los coaches más avanzados como aquellos que se están profesionalizando, porque la organización ha de concebirse ahora desde un sentido más humano. Más enfocada en el sentir y lo que perjudica o favorecen a las emocionalidades en el entorno corporativo. Descubre el poder que tienes a través del coaching, porque toda persona expuesta a estas herramientas, puede tener la plena confianza que como tú muchas otras personas, desde cualquier ámbito, están en aprovechamiento de estas técnicas para lograr su cambio personal y lo que quieren en su vida.

Conclusiones

¡Ya diste grandes pasos en este recorrido de autoconocimiento para tu cambio y crecimiento personal, muchas felicitaciones y gracias por dedicarte ese fabuloso tiempo! con esta lectura ya has de conocer herramientas sencillas que se dan en un proceso de coaching, aprender a desarrollarlas y ponerlas en práctica es donde radica la premisa que "la felicidad se aprende" y ese resultado solo dependerá de tu compromiso. La felicidad es una emocionalidad que se genera de acuerdo a tus hábitos, acciones y pensamientos. Te pregunto ya decidiste qué quieres lograr en tu vida, comprendiste qué te hace feliz, leíste el poema, elaboraste tu lista de creencias, tu lista de acciones, hiciste la rueda de la vida, hiciste ejercicios de meditación, respondiste las preguntas, comenzaste a hacer ejercicio físico, te levantas más tempranito y anuncias tus afirmaciones: recuerda que estos sencillos ejercicios y preguntas arrojan resultados inmediatos, estarán para medir exactamente lo que quieres transitar, no te preocupes puedes regresar y ahondar más en los ejercicios y practicar a tu gusto, lo importante es que tengas el deseo de querer un cambio y tomar acción, deja el libro en la mesita de noche hasta que logres lo que quieres ¡Prométete que lograrás lo que quieres!. Desde la visión de un coach este libro dispuso un proceso holístico que incurre es un modo de respuesta muy completa para un cambio de visión, un cambio de pensamiento y actitud, opciones que te han ayudado y te ayudarán a encontrar lo que te hace feliz; lograr esa sinergia con nuestro yo interior, es crear ese espacio de armonía, es sentirnos bien por saber quién soy, qué quiero y qué me hace feliz.

Bibliografía

Castro, M. (2012). *Coaching en Acción. Herramientas de intervención.* México: Trillas.

Chiavenato, I. (2006). *Introducción a la teoría general de la administración.* México: Mc Graw Hill.

Chopra, D. (2003). *Sincro Destino. Descifra el significado oculto de las coincidencias en tu vida y crea los milagros que has soñado.* México: Santillana Ediciones Generales.

Duhne, C., Garza, R. y Quintanilla, A. (2011). *Coaching Ejecutivo: una opción práctica para lograr el desarrollo de la gente.* México: Trillas.

Dyer, W. (2006). *La fuerza del espíritu. Hay una solución espiritual para cada problema.* Bogotá: Editorial Random House Mondadori

Echeverria, R. (2003). *La empresa emergente. La confianza y los desafíos de la transformación.* Buenos Aires: Granica.

Fisher, R. (2006). *El Caballero de la Armadura Oxidada.* Ed. 83. Barcelona: Ediciones Obelisco.

Goleman, D. (1996). *Inteligencia emocional.* Buenos Aires: Javier Vergara Editor.

Hall, M. y Duval, M. (2010). *Meta Coaching.* Vol. 1. México: Trillas.

Hay, L. (1992). *Sana tu cuerpo. Las causas mentales de la enfermedad física y la forma metafísica de superarlas.* Traducción de Amelia Brito. Barcelona: Ediciones Urano.

Hay, L. (2007), *El poder está dentro de ti*. Traducción de Amelia Brito y equipo editorial. Barcelona: Ediciones Urano.

Hay, L. y Richardson, C. (2012). *Tú puedes crear una vida excepcional*. Traducción de Alicia Sánchez Millet. Barcelona: Ediciones Urano

Hill, N. y Ritt, M. (2011). *Las claves del pensamiento positivo*. Florida: Taller del éxito.

Hoffmann, W. (2007). *Manual del coach profesional. El desarrollo de competencias en ejecutivos para alcanzar las metas de negocios*. Caracas: Grupo Editorial Norma.

Larousse Diccionario práctico para Venezuela y América Latina(s/f) México: Ediciones Larousse.

Lindenfield, G. (1992). *Ten confianza en ti misma: una guía para mujeres que desean obtener lo mejor de la vida*. Barcelona: Gedisa.

Mandel, B. (1997). *Terapia a corazón abierto. Traducción Teresa Sans Morales*. Madrid: Neo Person.

Miedaner, T. (2002). *Coaching para el éxito. Conviértete en el entrenador de tu vida personal y profesional*. Barcelona: Urano.

Morales, L. (2011). *Soy más de lo que pensaba*. Miami: La Polilla Book Service.

Murphy, J. (2009). *El poder de tu mente subconsciente: usando el poder de tu mente puedes alcanzar una prosperidad, una felicidad y una paz mental sin límites*. Madrid: Arkano Books

Osho (2009). *Aprender a amar. Enamorarse conscientemente y relacionarse sin miedos*. Caracas: Grijalbo

Osho (2003). *El libro de la mujer. Sobre el poder de lo femenino.* Traducción de Jose Ignacio Moraza. Caracas: Debate editorial

O'Connor, J. y Lages, A. (2004). *Coaching con PNL. Guía práctica para obtener lo mejor de ti mismo y lo de los demás.* Buenos Aires: Urano.

Robbins, A. (2011). *Poder sin límites. La nueva ciencia del desarrollo personal.* 1ra. ed. (español) Traducción de José Antonio Bravo. EEUU: Vintage Español.

Robbins, S (2004). *Comportamiento organizacional.* México: Pearson Educación de México.

Ruiz, M. y Ruiz, J. (2010). *El Quinto Acuerdo. Una guía práctica para la Maestría Personal.* Barcelona: Ediciones Urano

Seligman, M. (2003). *La auténtica felicidad.* Traducción Merce Diago y Abel Debritto. Barcelona: Vergara Grupo Zeta.

Tolle, E. (2000). *El poder del ahora. Un camino hacia la realización espiritual.* Traducción de Margarita Martínez. EEUU: New World Library.

Warren, R. (2003). *Una vida con propósito. ¿Para qué estoy aquí en la tierra?* Miami: Editorial Vida.

Vidaurre, C. (2005). *Proyecto de Vida.* 2da. ed. Caracas: ediciones Trípode.

Zeus, P. y Skiffington, S. (2002). *Guía completa de Coaching en el trabajo.* Madrid: Mc Graw Hill.

Fuentes Electrónicas

Auténtica Felicidad (2013). [Página Web en línea]. Disponible en: www.authentichappiness.com

Benavente-Morales y Pinto, (s/f). *Fusión en el Universo: todos somos polvo de estrella* (Traducción). Universidad Politécnica de Madrid. Consultado el 14 de marzo de 2014 en http://www.scienceinschool.org/print/339

Coaching Magazine (2005). *¿Cuál es la historia del coaching?* [Documento en línea]. Consultado el 28 de enero de 2014 en http://www.coach-personal.es/documentos/Historiadelcoaching.pdf

Honey y Alonso (2008). Cuestionario Honey-Alonso de Estilos de Aprendizaje. [Documento en línea] consultado el 8 de marzo de 2014 en http://www.estilosdeaprendizaje.es/chaea/chaea.htm

Martínez, J. (s/f). *Ser Uno Mismo* [Documento en línea] Consultado el 10 de febrero de 2014 en http://www.centroelim.org/terapia-met%C3%A1forica-cuentos-para-aprender/ser-uno-mismo/

Todo sobre Ciencia (s/f). *Teoría del Big Bang - En Una Visión General.* [Artículo en línea]. Consultado el 10 de febrero de 2014 en www.allaboutscience.org/spanish/teoria-del-big-bang.htm

Real Academia Española (2013). [Página Web en línea]. Disponible en: http://www.drae.es

Anexo A

Tu primer Coaching a través de preguntas poderosas

El siguiente cuestionario está referido a algunas de las preguntas desarrolladas en el texto para que te sientas en la libertad de explorar y puedas reconocer tus pensamientos y objetivos actuales. Estas preguntas son un compendio de algunos autores citados y otras desarrolladas de acuerdo a los temas tratados. De regalo te ofrezco este cuestionario con preguntas poderosas para continuar en este camino de autodescubrimiento. Si quieres realizar este ejercicio en conversación conmigo: visualiza que estás en el sitio más cómodo para ti, en un espacio de tranquilidad con el olor que más te encanta; conversa conmigo, conversa en voz alta, no te detengas ¡Sólo escúchate! Y no te olvides de escribir para que luego puedas recapitular lo que deseas lograr y ubicar cómo lo pudieses lograr a través del desarrollo de acciones.

¿Qué es lo que quieres lograr?

¿Qué es lo que amas hacer?

¿Cómo puedes conseguirlo?

¿Qué tendrá que ver tu sueño con tu yo interior?

¿Qué otra cosa deseas alcanzar?

¿Qué tan feliz eres haciendo lo que haces ahora?

¿Qué tan feliz eres donde te encuentras ahora?

¿Quién sabe más que tú sobre tus sueños?

¿Cuáles son las metas que te apasionan?

¿Cómo te sientes con lo que estás haciendo ahora?

¿Cómo te sientes de hacer esto durante los próximos 15 años?

¿Puedes hacerlo durante los próximos 15 años?

¿Conoces tu estilo de aprendizaje?

¿Sabes cuál es tu representación sensorial predominante?

¿De qué forma actúas? (Miedaner, 2002, p.212).

¿En qué crees? (Miedaner, 2002, p.212).

¿Qué te emociona? (Miedaner, 2002, p.212).

¿Cuál es tu propósito en la vida? (Miedaner, 2002, p.212).

¿Para qué estás aquí? (Miedaner, 2002, p.212).

¿Qué es lo que debes lograr y aprender? (Miedaner, 2002, p.212).

¿Qué te dice tu alma, tu corazón, que hagas? (Miedaner, 2002, p.212).

¿Realmente deseas cambiar? (Hay, 2007, p.213)

¿Qué haces cada día para sentirte a gusto interiormente? (Hay, 2007, p.213)

¿Prefieres quedar lamentándote por lo que no tienes en la vida? (Hay, 2007, p.213)

¿Deseas crearte una vida mucho más maravillosa que la que tienes ahora? (Hay, 2007, p.213)

¿Estás dispuesto a empezar a crear armonía y paz en tu interior? (Hay, 2007, p.213)

¿Te has hecho cargo de lo que está en tu mente? (Hill y Ritt, 2011, p.59)

¿Cuánto has inspeccionado tus pensamientos? (Hill y Ritt, 2011, p.59)

¿Qué sucede con la llegada de ese pensamiento? (Hill y Ritt, 2011, p.59)

¿Es esto positivo o negativo?" (Hill y Ritt, 2011, p.59)

¿Qué harías desde hoy para trabajar tus pensamientos? (Hill y Ritt, 2011, p.59)

¿Qué te hace feliz?

¿Quieres hacer algo?

¿Qué te lo impide?

¿Qué te hace esperar?

¿Cómo te sientes dónde estás?

¿Qué cambiarías?

¿Qué estás dispuesto hacer para lograrlo?

¿Qué estás dispuesto a dejar por eso? ¿Con qué recursos cuentas?

¿Cómo puede usted no triunfar? Usted ya ha triunfado. (Eckhart Tolle, 2000, p.63).

¡Gracias por dedicarte un hermoso tiempo para ti! Continúa creciendo por lo que quieres, desarrollando habilidades y logrando la capacitación interior que nos lleva al éxito y a la realización.

Irina Gahindra

Coach de Vida   Consultor Organizacional

Pasión por el Coaching

Irina Zahindra

Irina Zahindra, es profesional de las comunicaciones, amante del aprendizaje y apasionada del coaching como herramienta de cambio y crecimiento personal; nació en la Guaira y durante toda su vida vivió en Caraballeda, una parroquia del estado Vargas en Venezuela, un lugar costeño y de ambiente cálido, actualmente radica en la hermosa y exigente Ciudad de Nueva York; es "Life Coach" internacional egresada de la Academia de Coaching y Capacitación Americana de la ciudad de Miami, institución avalada por la "International Coaching & Mentoring Federation" (ICMF), Instituto Europeo de Coaching, Europa Campus, escuela española de PNL Mens Venilia, Organización Mundial de Conferencistas, red hispanoamericana de mentores y academia de "Coaching Internacional ACCA"; tiene un post- grado en Comunicación Organizacional con título de Magíster de la Universidad Católica Andrés Bello, reconocida como la mejor universidad privada de Venezuela, ubicándose entre las cincuenta mejores instituciones de educación superior de América Latina. Es comunicadora social de profesión egresada de la Universidad Santa María, reconocida casa de estudio por ser la primera universidad privada del país, licenciatura con mención audiovisual que le ha permitido tener experiencias laborales en diversos departamentos y coordinaciones del área de las comunicaciones. Tiene diplomado internacional de alta gerencia en "coaching" de Idear Red Internacional de Consultoría en Caracas. Ha trabajado en organizaciones tanto públicas como privadas, en su mayoría en los espacios de la comunicación interna, por lo que se reconoce su fuerte compromiso con el crecimiento de la organización desde perspectiva de relaciones interpersonales, manejo de personal, liderazgo, desarrollo personal y profesional y cambio. Ha asesorado a pequeñas empresas en el área, y más recientemente se encuentra dedicada a trabajar con clientes desde procesos de coaching de vida y del ámbito ejecutivo. Como introducción de su obra se pudiese decir que aborda herramientas esenciales para el desarrollo personal de quienes busquen un cambio en su vida y en sus resultados, refiere aspectos como la reprogramación mental, adquiriendo nuevos pensamientos, la comprensión de la felicidad desde un punto de aprendizaje, la búsqueda del Ser a partir del autoconocimiento. Es en resumen una guía de cambio personal que invita al lector, con la exposición de experiencias personales a comprometerse por sus logros y resultados. En cuanto a sus enlaces de contacto se tiene:

Facebook Irina Zahindra
Twitter @zahindra
Instagram @irinazahindra
Blog pasionycoaching.blogspot.com
Web pasionporelcoaching.com
Email quetanfelizeres@gmail.com

Printed in the United States
By Bookmasters